AF338093

MÉMOIRES ET RÉCITS

DE

FRANÇOIS CHÉRON

MEMBRE DU CONSEIL SECRET DE LOUIS XVI AU 10 AOUT
COMMISSAIRE DU ROI LOUIS XVIII
PRÈS LE THÉATRE-FRANÇAIS DE 1818 A 1825
AUTEUR DRAMATIQUE ET CRITIQUE DE LITTÉRATURE
SOUS LA RESTAURATION

PUBLIÉS

Avec lettres inédites des principaux écrivains de la Restauration

PAR

F. HERVÉ-BAZIN

Professeur à l'Université catholique d'Angers.

PARIS

LIBRAIRIE DE LA SOCIÉTÉ BIBLIOGRAPHIQUE

MAURICE TARDIEU, DIRECTEUR

35, RUE DE GRENELLE, 35

1882

MÉMOIRES ET RÉCITS

DE

FRANÇOIS CHÉRON

COULOMMIERS. — TYPOGRAPHIE PAUL BRODARD.

FRANÇOIS CHÉRON
(1763-1829)

MÉMOIRES ET RÉCITS

DE

FRANÇOIS · CHÉRON

MEMBRE DU CONSEIL SECRET DE LOUIS XVI AU 10 AOUT
COMMISSAIRE DU ROI LOUIS XVIII
PRÈS LE THÉATRE-FRANÇAIS DE 1818 A 1825
AUTEUR DRAMATIQUE ET CRITIQUE DE LITTÉRATURE
SOUS LA RESTAURATION

PUBLIÉS

Avec lettres inédites des principaux écrivains de la Restauration

PAR

F. HERVÉ-BAZIN

Professeur à l'Université catholique d'Angers.

PARIS

LIBRAIRIE DE LA SOCIÉTÉ BIBLIOGRAPHIQUE

MAURICE TARDIEU, DIRECTEUR

35, RUE DE GRENELLE, 35

1882

PRÉFACE

La vie d'un homme, racontée par lui-même, est toujours un enseignement précieux pour les générations suivantes ; mais cet enseignement prend un caractère plus grave et devient plus utile encore lorsqu'il s'agit d'un homme mêlé à tous les événements de la Révolution. Or, François Chéron est né en 1764 ; il a vécu pendant vingt-cinq ans sous les règnes de Louis XV et de Louis XVI, puis il a pris part à la lutte des partis pendant la période révolutionnaire et a été trois fois victime de sa fidélité monarchique ; il a assisté au triomphe éphémère et à la chute de l'Empire, et enfin il a pu goûter les bienfaits de la Restauration jusqu'aux derniers jours de l'année

1829. Un tel homme devait avoir une grande expérience des choses de la vie !

Malheureusement, François Chéron n'a laissé à ses petits-enfants que des récits détachés et des anecdotes. Il se proposait d'écrire ses mémoires en se servant des notes qu'il rédigeait au jour le jour, mais la mort le surprit tout à coup sans qu'il ait eu le temps d'exécuter son dessein. Cependant, ces notes offrent tant d'intérêt, elles nous font assister à des événements si remarquables, et la conclusion morale s'en dégage si nettement, qu'après quelque temps d'hésitation je me suis décidé à les publier telles qu'elles sont. Mon seul travail a été de rattacher les uns aux autres les fils décousus du récit de notre aïeul, et de chercher des renseignements auprès des divers membres de notre famille. Les papiers de François Chéron étaient depuis longtemps oubliés, soit chez son gendre, M. Barthélemy Meauzé, ancien adjoint au maire d'Angers, mort en 1879, soit chez ses petits-neveux : ce fut une bonne fortune pour nous de les retrouver. Ils nous ont permis de renouer, après un demi-siècle, de précieuses relations de famille, et de former ce petit volume, qui jettera quelque lumière sur les mœurs des classes bourgeoises à la fin du XVIIIe siècle, et sur la société littéraire, le théâtre et les événements de la Révolution.

Les lettres inédites adressées à François Chéron, critique du *Moniteur* jusqu'en 1829, par les écrivains les plus renommés de la Restauration, achèveront le tableau ébauché par les *Récits* et donneront, je l'espère, une véritable originalité à cette publication.

Mais ce qui m'a frappé par-dessus tout, et ce qui attirera sans doute aussi l'attention du lecteur, c'est le parallèle qu'on peut établir, grâce aux récits de Chéron, entre l'état de la société française avant et après la Révolution. Chacun de nous peut apporter sur ce point son complément de renseignements personnels. C'est là qu'est la conclusion de ce livre, et c'est la principale raison qui·m'a déterminé à le publier.

Si les *Mémoires et récits* pouvaient dissiper un seul des préjugés entassés par les révolutionnaires contre la monarchie chrétienne et française et contre son auguste Représentant, je serais assez payé de ma peine : ce serait un pas de fait vers le salut.

HERVÉ-BAZIN.

Le Patys, près Segré, 21 *août.*

MÉMOIRES ET RÉCITS

DE

FRANÇOIS CHÉRON

CHAPITRE PREMIER

L'ÉDUCATION PATERNELLE. — MARIN CHÉRON PLANTEUR EN CHEF DES FORÊTS DU ROI (1715-1783)

DANS la seconde moitié du siècle dernier, vers 1770, une famille bourgeoise vint s'établir à Saint-Germain-en-Laye, dans une vaste maison, située sur les bords de la Seine. Elle comprenait seize personnes : le chef, Marin Chéron, qui occupait alors une haute fonction dans l'administration des eaux et forêts, sa femme, et ses quatorze enfants. Marin Chéron était un travailleur infatigable, un homme fortement trempé, unissant une santé robuste à une intelligence très vive et très ouverte. Chrétien fervent, serviteur fidèle de la monarchie, il avait su conquérir la confiance et l'amitié de tous ceux qui le connaissaient : on verra tout à l'heure comment il acquit, en peu de temps, une fortune considérable.

Sur ses quatorze enfants, trois seulement lui survécurent : l'aîné, Louis-Claude, le futur député royaliste à la Législative ; le second, François, l'auteur des Mémoires que nous publions ; et une fille, Marie, qui épousa un M. Dumas.

La plus importante partie des récits de François Chéron est relative aux événements révolutionnaires : cependant ils contiennent de curieux détails sur la vie de famille au xviiie siècle et des anecdotes frappantes sur les années qui précédèrent la réunion des États généraux.

Nous avons cru pouvoir donner presque en entier ces premiers chapitres. Nous prierons seulement le lecteur de vouloir bien se reporter, par la pensée, à la grande maison de Saint-Germain, sur la lisière des forêts que Marin Chéron était chargé d'administrer, et de suivre l'auteur de ces récits dans le tableau qu'il trace des origines de sa famille.

« Mon père, Marin Chéron, fils d'un artisan du village de Châteaufort, près de Versailles, loin de rougir de son origine, trouvait souvent l'occasion de la rappeler, je pourrais même dire de s'en vanter, car il ne pouvait se défendre d'un peu d'orgueil d'avoir valu quelque chose par lui-même. De simple journalier dans les forêts, il ne tarda pas à devenir piqueur, puis, après avoir étudié assez de géométrie pour s'occuper de l'arpentage, il mérita par sa bonne conduite toute la confiance de l'entrepreneur des forêts du roi.

« Le goût inné qu'il avait pour la culture forestière lui fit observer avec attention et assiduité tous les procédés du planteur en chef, qui, étonné de sa rare intelligence, s'en rapportait souvent à lui pour diriger des travaux fort importants; de sorte que, au moment de la retraite de ce chef, mon père se trouva en état de le remplacer.

« Mais il était encore loin de ce commencement de prospérité lorsqu'il épousa Mlle de Fradde, ma mère, qui habitait la rue Saint-Julien-le-Pauvre, rue très étroite et très obscure du quartier Saint-Jacques. C'est sur la vieille paroisse Saint-Séverin que ce mariage a été célébré en 1742. Mon père avait vingt-sept ans[1] et ma mère vingt-quatre. On était alors moins pressé de marier les demoiselles. Je ne puis me défendre du plaisir de retracer tous ces détails, parce qu'ils ne sont jamais sortis de ma pensée! Je ne suis jamais allé dans ce quartier antique, sans parcourir avec émotion cette triste rue qui a vu naître ma mère. Plus d'une fois même, un sentiment religieux m'a conduit dans la vieille nef de Saint-Séverin, et ma prière n'en était que plus pure et plus ardente auprès de l'autel où ma mère avait reçu la bénédiction nuptiale.

« Mon père joignait à un caractère gai les manières les plus distinguées, une politesse affectueuse et vraiment exquise. Je n'ai point connu de plus aimable conteur. Ses récits étaient animés par une physionomie enjouée, un œil vif et étincelant et un ton de franchise entraînante que je n'ai jamais vu qu'à lui. Sobre de détails, il ne négligeait pourtant aucun de ceux qu'il croyait nécessaires pour préparer au trait, et, lorsqu'était venu le moment de le lancer, c'était avec une chaleur, une énergie, un mordant inexprimables.

---

1. Marin Chéron était donc né en 1715 : il mourut en 1783, âgé de soixante-quatre ans, après avoir eu de Mlle de Fradde quatorze enfants.

Un demi-juron, tel que *Morgué*, *Jarni*, etc., ajoutait à la vivacité de son action et lui donnait, si je puis m'exprimer ainsi, un coup de fouet dont l'effet était immanquable.

« Il aimait beaucoup ses enfants, mais non pas à la mode nouvelle. Malgré son caractère joyeux et communicatif, il n'aurait souffert ni cet indécent tutoiement ni ces impertinentes familiarités qui font aujourd'hui la joie des grands-parents. Il pensait que de telles licences n'étaient propres qu'à effacer de l'esprit des enfants toute notion d'ordre et de hiérarchie de famille, et de leur cœur tout sentiment de devoir. Mon père aimait ses enfants pour eux, pour leur bonheur. Ce genre d'affection ne pouvait pas être exempt d'une certaine austérité qui, j'en fais aujourd'hui la confession sincère, m'a souvent chagriné, jamais cependant au point de croire que mon père ne m'aimait pas et d'exhaler à ce sujet la moindre plainte ; les principes qui nous étaient inculqués dès notre enfance ne pouvaient laisser pénétrer dans nos cœurs des sentiments aussi monstrueux. Je savais que c'était à mon père que je devais le bienfait de mon éducation, ou plutôt je ne savais rien autre chose qu'aimer et respecter mon père, car ma reconnaissance était sentie et non raisonnée. Le nom de père était pour moi la règle innée du devoir, la loi suprême et sacrée d'une pieuse et tendre obéissance.

« Qu'on ne croie pas cependant que l'austérité de mon père allât jusqu'à la tyrannie. Je me souviens qu'à ma sortie du collège (1781) mon père eut la bonté de me consulter sur mes dispositions pour le choix d'un état. C'était la première fois qu'on me traitait en homme, et cet entretien paternel, quoique tout à fait exempt de sévérité, m'étourdit autant qu'il me toucha. Toutefois, je suis à peu près sûr de n'omettre rien d'essentiel dans le dialogue que je vais rapporter :

— Mon père, je voudrais bien suivre votre état.

— Mon bon ami, cela n'est pas possible ; ton frère aîné me seconde déjà ; c'est lui qui me succédera. Il n'est pas bon que vous suiviez tous deux la même carrière. (Ici je gardai le silence, et je ne savais plus que choisir, ne pouvant avoir que des idées très confuses des divers états de la vie. Enfin mon père me pressant avec bonté de lui dire quelque chose qui lui fît connaître mes inclinations, je parlai à tout hasard et comme un ignorant :)

— Eh bien, mon père, je voudrais entrer dans le génie.

— Sais-tu ce que c'est?

— Non, pas beaucoup, mais on dit que c'est un bel état.

— Puisque tu ne le connais pas, je n'ai rien à te répondre, si ce n'est que c'est un état difficile et qui n'est guère profitable. »

« Battu sur ce second article, je perdis tout à fait la tête, je parlai de peinture, de danse, de musique. Mon père m'interrompit : « Bah! bah! est-ce que tu veux te faire comédien, vivre dans un grenier?... »

« Mon père avait la parole ferme, brève, impérative, et je me rappelle bien qu'à cette boutade un peu vive je ne répondis que par des pleurs. Alors mon père, attendri, me prit par la main avec bonté :

— Mon bon ami, dit-il, je sais mieux que toi ce qui te convient. Songeons d'abord à l'utile. Je veux que tu apprennes à conserver et à défendre le bien que je te laisserai, et, pour cela, tu vas faire ton droit, et en même temps je veux que tu saches la *procure*, et tu vas entrer chez un procureur *honnête*, si c'est possible (car mon père avait toujours prête une petite saillie), et, comme cela, tu feras ton chemin. Quand tu seras *monsieur le bachelier, monsieur l'avocat*, tu seras toujours à temps de prendre un autre parti [1]. »

« A quoi bon, dira-t-on, à quoi bon cette consultation, puisqu'en définitive votre père n'en a fait qu'à sa tête? Il ne m'est pas difficile de répondre à cette interpellation. En interrogeant son fils, un père peut chercher à déterminer les degrés de son intelligence. Il ne faut souvent qu'un mot, un geste, l'expression vive d'un regard pour déceler le germe d'une passion ou d'un goût à un esprit observateur. Or je suis certain que rien de tout cela n'a dû se manifester en moi, qui, fraîchement sorti du collège, ne connaissais rien que mes auteurs et mes devoirs scolastiques. Il est beaucoup

---

1. « Mes enfants, disait de même André Clappier, médecin en 1740 à Moustiers, ne restez pas oisifs, soyez bons à quelque chose. Les gens inoccupés mènent une vie languissante et souvent déplorable. Choisissez une profession selon vos inclinations et vos talents, et, pour y réussir, rendez-vous-y habiles. Je vous exhorte à vous appliquer de toutes vos forces, en considérant que votre fortune en dépend absolument et en ne comptant pas sur le bien que je pourrai vous laisser. C'est une source de malheur que de se reposer sur le bien de ses parents. Les enfants qui y placent leurs espérances ne prennent pas d'état ou négligent celui qu'ils ont embrassé. Pour éviter un tel malheur, faites comme si vous n'espériez rien du tout de votre maison, et agissez comme s'il fallait que vous fissiez vous-mêmes votre fortune. » C'est de la sorte que parlait et agissait Marin Chéron avec ses fils, et pourtant il avait acquis des biens considérables que François évalue à plus de six cent mille francs.

d'autres écoliers chez qui diverses circonstances ont pu faire naître de ces passions ou de ces goûts dont j'ai parlé et qui m'étaient à moi tout à fait étrangers. Mon père, s'en étant convaincu par mes réponses, a donc fait preuve de sagesse et de prévoyance en se déterminant pour moi. Eh! combien de fois n'ai-je pas béni sa mémoire, dans le cours de cette terrible révolution, où l'inflexibilité de mes principes m'a fait perdre successivement mon patrimoine et mes emplois. Cette *procure* à laquelle mon père m'avait voué m'a seule fourni les moyens de vivre péniblement, mais honorablement, de marier mes filles d'une manière convenable et de leur conserver, en l'améliorant, le faible patrimoine de leur courageuse et respectable mère.

« Mais combien d'autres leçons n'ai-je pas reçues de ce vertueux père! que de beaux exemples ne m'a-t-il pas donnés dans le cours de son honorable vie! J'ai dit qu'il se serait plutôt vanté qu'il n'aurait rougi de son humble origine. Dans le grand nombre de preuves que je puis en fournir, je ne suis embarrassé que du choix. Pauvre par sa naissance, et ne s'étant pas allié à plus riche que lui, on pense bien qu'il y avait dans les deux familles plus d'un parent dans le besoin. Mon père pourvoyait à tout; il n'en oubliait aucun. A mesure que le ciel bénissait ses travaux, sa première pensée était de faire des heureux.

« Le premier usage qu'il fit des prémices de sa fortune fut de recueillir dans sa maison de Saint-Germain-en-Laye M. de Fradde, le père de ma mère, qui commençait à devenir d'un grand âge. Là, M. de Fradde eut son appartement, une gouvernante, sa cuisine pendant l'hiver; et, pendant l'été, il tenait le haut bout de la table de mon père. Ce vénérable vieillard a vécu jusqu'à l'âge de quatre-vingt-dix-huit ans, heureux de la tendresse et du bonheur de ses enfants, petits-enfants et arrière-petits-enfants.

« Ce n'est pas tout. Mon père a placé dans sa propre maison et donné pour compagne à ma mère sa cousine germaine, portant aussi le nom de de Fradde. Quelle était cette cousine? Un des êtres les plus disgraciés de la nature que j'aie connus de ma vie. Trois pieds au plus de hauteur, double et triple bosse; les deux jambes en serpent de lutrin; le tout surmonté d'une tête fort grosse d'où sortaient deux yeux grands et vifs, au-dessous desquels une large bouche donnait passage à une voix forte et souvent glapissante, à raison d'une affection de poitrine dont les quintes fréquentes brisaient les plus fermes tympans et ne semblaient qu'un exercice salutaire à la pauvre cousine, puisqu'elle y a résisté pendant plus de trente ans !

« Que l'on juge de la force qu'avaient alors les liens de famille, puisque de telles disgrâces n'ont pu affaiblir dans le cœur de mon père le sentiment du devoir ! Je dis du devoir, et je le dis avec réflexion ; mon père n'était pas seulement vertueux selon le monde, il était chrétien, et ce beau titre impose des devoirs tout à fait méconnus par les hommes sans religion et sans Dieu.

« Notre petite cousine de Fradde fut installée chez mon père avant que je fusse né, car je me souviens d'elle aussi loin que les souvenirs de mon enfance peuvent se retracer à mon esprit. La cousine n'était pas méchante, je crois même qu'elle avait un bon cœur, mais elle était un peu aigre et impérieuse, comme le sont assez souvent les personnes disgraciées, et j'ai souvenance qu'elle ne se refusait pas, de temps à autre, la petite tape sur le pauvre écolier, lorsqu'il venait, aux grandes fêtes, à la maison paternelle, et qu'apparemment il se rendait coupable de quelque gros péché de gourmandise. Mais nous étions instruits à la respecter, et l'on en sentira le noble motif. Le bienfait de mon père n'eût pas été complet, si l'on nous eût laissé à penser que ma cousine n'eût été accueillie que par charité. Nous voyions au contraire les domestiques façonnés à lui obéir, et rien dans sa position n'offrait la moindre trace de dépendance.

« Pour achever ce qui me reste à dire sur la petite cousine, elle a continué d'être la compagne de ma mère jusqu'au 2 décembre 1793, jour fatal où nous eûmes le malheur de la perdre, et elle n'a quitté la maison que de son propre mouvement, car ma femme, pénétrée de respect pour les intentions de ma mère, lui fit les plus vives et les plus touchantes instances de rester avec nous. Elle préféra se retirer à Versailles, où demeurait ma sœur, et où elle jouit près de dix ans encore d'une pension de douze cents francs, que mon frère, mon neveu et moi lui faisions.

« Il résulte de ce qui précède que mon père, avec ses quatorze enfants, s'était encore chargé d'être le soutien de quatre de Fradde, famille de sa femme, et je n'ai pas fermé la liste de ses bienfaits.

« Mon père faisait aussi une pension à une autre cousine, Mlle Noiselle, qui était de sa ligne, bonne femme bien commune, à laquelle il a légué trois cents francs de pension et que je me borne à mentionner.

« Dans le même temps, les travaux de mon père se multipliant et ses enfants n'ayant pas encore l'âge nécessaire pour le seconder, il donna un intérêt dans ses entreprises à un autre cousin germain de sa ligne, M. Fontaine, le même qui depuis a épousé en secondes noces Adélaïde Dumas, ma nièce cadette. Fontaine s'éleva bientôt de ses propres ailes, mais l'origine de sa fortune est due à mon père. Fontaine n'avait ni esprit ni instruction, mais il avait bien profité des leçons de mon père. Rien n'est égal au respect qu'il lui portait. Il avait le cœur reconnaissant ; l'expression de ce sentiment débordait pour ainsi dire dans ses actions comme dans ses paroles. Je me souviens que, lorsqu'il fit la demande d'Adélaïde, il dit avec effusion : « Je sais qu'elle n'a rien, mais je dois ma fortune à mon oncle, et je ne fais que mon devoir en en faisant profiter une de ses petites-filles. »

« Si le sentiment de la reconnaissance est bien rare, combien il est plus rare encore de rencontrer des cœurs qui en soient aussi profondément pénétrés et qui éprouvent le besoin non pas seulement d'en répandre les témoignages et de les exhaler en vaines paroles, mais de s'acquitter envers leurs bienfaiteurs en belles et bonnes actions, positives et efficaces!

« Je pourrais ajouter encore à toutes ces preuves de la bonté de mon père, et peut-être en trouverai-je l'occasion dans le cours de ces souvenirs. Cette bonté, innée en lui, n'avait point sa source dans la faiblesse du caractère et ne dégénérait point en *bonacité*. Elle était gaie, franche, cordiale, sans cesser d'être ferme et éclairée.

« Mon père, habitué dès ses plus jeunes ans aux plus rudes fatigues, toujours levé avant le soleil, parcourant les forêts dès le point du jour, avait un estomac robuste mais exigeant. Il aimait à certains jours la bonne chère et le bon vin, mais il aimait surtout à avoir quelques amis à sa table, car c'est de lui que je tiens cet adage que je n'ai jamais senti plus vivement que depuis que je suis seul sur la terre : *On ne jouit que de ce qu'on partage.*

« Mon père avait donc toujours table ouverte. Il suffisait d'avoir eu avec lui quelque rapport, même sur des choses d'assez peu d'importance, pour qu'il fût prêt à vous dire : « *Venez manger ma soupe;* » et il me semble encore entendre cet accent bref, adouci par ce sourire gracieux, ce front épanoui qui lui captivaient tous les cœurs.

Mais il ne songea de sa vie à donner un dîner *utile*, à calculer ce que pouvait lui rapporter l'aloyau ou le jambon que l'on servait sur sa table. La seule utilité qu'il espérait de ses invitations, c'était de lui fournir l'occasion d'exercer sa bonne humeur, de le distraire, de le délasser des fatigues du jour, sans oublier le plaisir qu'il était sûr de faire à ma mère, toutes les fois qu'elle le voyait en appétit et en gaieté.

« Je rappellerai les leçons que j'ai reçues de mon père à mesure qu'elles se retraceront à ma mémoire. Ces leçons n'avaient jamais rien d'austère. Elles se distinguaient par le tour original que son esprit naturel savait leur donner.

« Un jour, en entrant dans ma chambre, il vit ma bourse à argent sur la cheminée :

« Mon ami, me dit-il, souviens-toi qu'il ne faut jamais exposer ton argent à la vue de personne.

— Pourquoi donc, mon père ?

— Parce que le plus honnête homme du monde n'en ajouterait pas ! »

« Il disait souvent : « Lorsque j'entends quelqu'un vanter sa probité, je mets les mains sur mes poches ! » — Mon frère a consacré cet adage paternel dans le *Tartuffe de mœurs* [1]. La ser-

1. Pièce en cinq actes et en vers, composée au com-

vante Marton, dans cette pièce, rend hommage
à la sagesse d'un ancien maître :

> Si j'entends, disait-il, dans la société,
> Quelqu'un vanter ses mœurs, sa rare probité,
> De cet homme de bien redoutant les approches,
> Je mets tout aussitôt les deux mains sur mes poches !

« Mais voici d'autres leçons d'une nature plus
grave. Adolescent à l'époque où je les ai reçues,
je ne les ai jamais oubliées, quoique je n'en aie
bien pénétré le sens qu'à mesure du développement de mon intelligence et à l'aide d'une expérience bien longue et bien douloureuse.

« Je n'étais pas encore sorti du collège, et j'avais
à peine quatorze ans, lorsque, aux fêtes de la
Pentecôte, mon père me mena à Versailles pour
voir la solennité de la réception des chevaliers
de l'ordre du Saint-Esprit. Je n'étais encore
qu'un enfant, mais, outre que les enfants enten-
dent et comprennent souvent plus de choses
qu'on ne le pense, même lorsqu'ils ont l'air de
n'être occupés que de leurs jeux, j'étais peut-être
doué d'un esprit d'observation plus précoce que

mencement du siècle, par L.-C. Chéron, reçue au Théâtre-
Français et jouée avec succès de 1804 à 1808. (*Voyez le
chapitre* 6.)

bien d'autres. Or mon père, chargé de grandes et lucratives entreprises, avait nécessairement des jaloux et des ennemis. L'un de ses plus ardents compétiteurs était un sieur La Garrigue, qui lui avait déjà joué plus d'un méchant tour. Bref, il m'était resté dans l'esprit que ce La Garrigue était un mauvais homme.

« Nous nous promenions dans la grande galerie de Versailles, en attendant la cérémonie, lorsque j'aperçus de très loin ce La Garrigue, que nous ne pouvions éviter de rencontrer en poursuivant notre promenade. Je saisis vivement la main de mon père :

« Papa, retournons, retournons!

— Pourquoi donc, mon ami?

— Voilà ce vilain M. La Garrigue!

— Au contraire, mon enfant, tu vas me voir aller au-devant de lui, lui serrer la main et l'embrasser comme un ami. »

« Je restai confondu, et l'ennemi de mon père ne dut pas être content de l'air boudeur avec lequel je reçus les doux propos et les caresses qu'il me prodigua. Mon cœur était gonflé. A peine furent-ils séparés, que mon père me prit à part et me dit :

« Mon ami, retiens bien ce que je vais te dire.

Il ne faut jamais laisser croire à qui que ce soit qu'on le regarde comme un ennemi. D'abord c'est avoir l'air de le craindre, et c'est une honte ; ensuite, c'est lui donner à penser qu'on a de mauvais desseins contre lui, et c'est un mal. D'ailleurs La Garrigue n'est peut-être pas autant mon ennemi que tu le penses, et, en supposant qu'il le soit, qui sait si par mes manières affectueuses je ne l'aurai pas ramené à de meilleurs sentiments ? »

« Je n'étais point d'âge à me bien pénétrer de toutes ces raisons, et j'avoue qu'elles ne furent pas convaincantes pour moi. Pardon, mon père ! vous seul étiez sage et je n'étais qu'un sot, comme tous les enfants dédaigneux des avis paternels [1]. »

---

1. « Je n'ai jamais perdu de vue, écrivait J. de Colonia en 1807, les obligations que m'inspirait la mémoire de mon excellent père. J'ai tâché, dans les diverses positions où je me suis trouvé, de soutenir cette mémoire et de l'honorer en marchant sur ses traces, me conduisant d'après les principes que je lui ai toujours vu pratiquer. » Les pères qui ont su inspirer à leurs fils, dit M. de Ribbe, un tel culte et de tels accents ont évidemment rempli la plus haute et la plus nécessaire des fonctions sociales. Ils n'ont pas seulement affermi chez eux à jamais la notion du vrai et la pratique du bien, ils leur ont assuré le bonheur et ils ont fondé l'avenir de leur race. » Il est impossible de mieux dire. C'est à soixante-cinq ans que F. Chéron parlait ainsi de son père : on n'est plus guère habitué à cette vivacité du souvenir et à cette énergie de la reconnaissance.

Nous laisserons ici quelques détails qui offrent moins d'intérêt que ce qu'on vient de lire. Je ne veux prendre dans les souvenirs de François Chéron que ce qui est de nature à mettre en relief les mœurs de la société bourgeoise à la fin du XVIIIe siècle, l'autorité paternelle, l'éducation des enfants, le respect filial, l'union de tous les membres d'une même famille, groupés sous la direction d'un seul chef. Par les traits que rapporte François, on peut juger si M. de Ribbe a eu raison d'affirmer que le XVIIIe siècle n'avait encore rien communiqué de son venin aux honnêtes représentants de la vieille bourgeoisie ! Malgré tout ce qu'ont pu dire des écrivains pleins d'ignorance ou de préjugés, il reste aujourd'hui démontré, par la publication d'un grand nombre de mémoires, de lettres ou de livres de famille, qu'avant 1789 le *roturier* pouvait aussi facilement que de nos jours s'enrichir, vivre dans l'aisance, élever ses enfants, gagner l'estime générale, et laisser un nom considéré. Marin Chéron en est une preuve frappante, puisque de simple journalier dans les forêts, fils d'un artisan de village, il parvint sans intrigue et par les seules ressources de son travail et de son activité aux plus hauts emplois de l'administration forestière, et mourut, ainsi que nous le verrons bientôt, en laissant une grande fortune. Pour juger l'ancienne France, ce ne sont pas les anecdotes scandaleuses de la Régence ou de la cour de Louis XV qu'il faut consulter : ce genre de documents, trop répandu, ne fait connaître qu'un très petit côté de la société, le monde politique ou financier de cette époque, dont la corruption, en s'étendant peu à peu, a amené la ruine du sens moral et le bouleversement révolutionnaire. La véritable histoire, celle de la masse de la nation, avec ses mœurs, ses vertus, ses faiblesses, ses libertés, ses défaillances temporaires, est renfermée dans les mémoires et dans les récits que nos pères nous ont laissés.

Ce qui nous paraît surtout remarquable dans la vie de Marin Chéron, ce n'est pas qu'il soit parvenu à la fortune ; assez d'exemples de même genre nous sont connus : mais c'est qu'il y soit parvenu si rapidement. Ce n'est point ainsi que d'ordinaire s'édifiaient les fortunes sous l'ancien régime. C'était l'œuvre de plusieurs générations qui, tour à tour, venaient grossir le capital primitif ; le grand-père semait le gland, le fils taillait le chêne et le petit-fils se reposait sous ses ombrages. Aussi, dit encore M. de Ribbe, entre tous les spectacles auxquels nous ont fait assister nos études, n'y en a-t-il pas eu pour nous de plus attachants que ceux offerts par de petits bourgeois campagnards, finissant, grâce à un travail énergique, par grandir au-dessus du sol avec une sève lente, il est vrai, mais prodigieusement soutenue et toujours agissante. Les communes rurales ont été, de la sorte, les pépinières desquelles sont sortis, jusqu'à nos jours, des hommes croyants, intelligents, sobres, fortement trempés, aptes à commander, parce qu'ils avaient été façonnés de bonne heure à dompter leurs passions et à obéir. La souche a mis des années à se constituer, à se développer par l'épargne au village, dans une petite propriété patrimoniale. Elle y reste. Cependant le jour vient où, chez les plus distinguées d'entre ces familles, un de leurs membres, souvent un cadet, actif et entreprenant, va dans une contrée ou une ville voisine, s'y marie, y fonde une maison et y fait souche à son tour. Il en est qui réussissent à s'élever, à pousser leurs enfants à des charges éminentes dans la province ou dans l'Etat. Après trois ou quatre générations, on est émerveillé de voir les descendants d'un modeste bourgeois du xve siècle, conseillers, présidents au Parlement, ayant des fiefs et comblés d'honneurs.

Nul doute que les enfants de Marin Chéron, si la Révolution ne fût venue briser leur carrière, n'eussent dû à leur éducation et à leur activité de brillantes situations sociales. Ce qu'ils ont fait montre ce qu'ils auraient pu faire.

Les pages que je crois devoir laisser de côté, pour ne pas allonger outre mesure ces récits, sont relatives à la jeunesse des frères Chéron. L'auteur nous raconte comment il prit légitimement, à cette époque, le nom de Chéron *des Carrières*, tandis que son frère aîné, Louis Claude, prenait celui de Chéron *de la Bruyère*, noms qu'ils gardèrent jusqu'à la Révolution.

Pour achever le portrait de son père, François nous rapporte deux traits saisissants qui nous font pénétrer au cœur de l'ancien régime, en nous montrant, d'une part, la nature des relations qui s'établissaient entre les supérieurs et les subordonnés, et, d'autre part, les progrès de l'irréligion.

Nous n'avons rien de mieux à faire que de lui laisser la parole :

«... Mon père n'était pas seulement estimé, considéré par ses supérieurs, il en était aimé, chéri, recherché. M. Duvaucel [1], grand maître des eaux

1. Ce Duvaucel, le supérieur et l'ami de notre aïeul, est celui dont parle Beaumarchais dans un mémoire où

et forêts de la généralité de Paris, avait pour lui
une affection toute paternelle ; il venait souvent
lui demander à dîner, *sans façon*. Cette expression n'avait rien de redoutable dans la maison

il demande pour lui-même la charge de grand-maître et
se défend de sa basse extraction, en arguant d'exemples
nombreux de bourgeois appelés à ces hautes fonctions :
« M. Duvaucel, fils d'un boutonnier, ensuite garçon chez
son frère établi dans la petite rue aux Fers, puis associé
à son commerce et enfin maître de la boutique, M. Duvaucel n'a rencontré aucun obstacle à sa réception. »
Beaumarchais cite également M. Rellès, grand-maître
de Châlons ; M. Legrand, grand-maître de Bourgogne,
fils d'un cardeur de laine ; M. d'Arbonnes, fils d'un per-
ruquier, etc. Les charges de grands-maîtres étaient très
recherchées ; il y en avait dix-huit en France ; elles
étaient considérables et coûtaient 500,000 livres. C'est
l'étude de la famille obscure, mais intéressante, d'où
sortit l'auteur du *Mariage de Figaro*, qui fait dire à
M. de Loménie, parlant du régime moderne de l'égalité :
« Ce régime, il faut bien l'avouer, malgré les avantages
qu'il offre quand on le considère à d'autres points de
vue, semble avoir eu jusqu'ici pour résultat d'abaisser
les classes supérieures de la société sans grandir dans la
même proportion, sous le rapport des sentiments et
de l'intelligence, la classe à laquelle appartenait l'hor-
loger Caron. Aussi je crois ne m'être pas trompé en
disant qu'on retrouverait difficilement aujourd'hui quelque chose d'analogue dans une sphère sociale aussi
modeste. » C'est tout à fait notre avis. La Révolution
n'a élevé aucune classe, elle les a toutes abaissées. Les
communes de France renfermaient avant 1789 une foule
d'hommes capables d'exercer le pouvoir politique.
« Quand on compulse les originaux des cahiers des
paroisses, observe M. de Lavergne, on est surpris de la
quantité des signatures. » Il faut bien, en effet, que ces
simples soldats, qui sont devenus plus tard d'habiles
généraux, aient reçu une forte éducation.

de Saint-Germain. Il y avait dans la cave les meilleurs vins; la cuisine était excellente tous les jours, et il suffisait d'y ajouter deux ou trois mets plus recherchés, les jours de réception. Je serais sûr d'exagérer, si je disais que ces sortes d'*extraordinaires* augmentaient sa dépense de douze francs.

« Ce jour-là, le dîner fut gai, comme de coutume; mais il n'en fut pas de même lors de la rentrée au salon.

« J'ai obligé beaucoup de monde, dit mon père, et je n'ai jamais fait que des ingrats.

— Je vous en félicite, monsieur Chéron !

— Comment !

— Non, je ne plaisante pas; je vous félicite de n'avoir fait que des ingrats.

— Expliquez-vous, monsieur le grand maître.

— Je vous dis que vous êtes trop heureux, mon bon ami; j'ai rendu beaucoup de services, ainsi que vous, et j'ai fait.... des monstres !

— Je ne vous comprends pas.

— Vous allez me comprendre. Des ingrats ! eh ! bon Dieu, rien n'est si commun. On ne voit que cela dans le monde. Qu'est-ce après tout que des ingrats ? Des oublieux. Voilà tout. On en est quitte à bon marché. Mais nier les bienfaits, ou les empoisonner en niant l'intention ; s'en faire une arme pour poignarder son bienfaiteur... voilà ce que j'ai vu, ce que j'ai éprouvé de la part de ceux mêmes à qui j'avais sauvé plus que la vie, en leur sauvant l'honneur. Dites-moi, Chéron, si ces gens-là ne sont pas pires que des ingrats, et si je n'ai pas raison de les appeler des monstres.

— Les hommes sont bien méchants, répondit mon père avec tristesse ; puis, reprenant son ton d'enjouement accoutumé : « Consolons-nous, monsieur le grand maître, puisque Dieu nous a fait des cœurs différents de ceux-là. Plaignons-les, et prions pour eux ! »

« On juge bien qu'une telle conversation était fort au-dessus de l'intelligence d'un adolescent de quinze à seize ans. Je concevais vaguement l'idée de la méchanceté, et elle ne s'étendait guère plus loin que celle de la malice des écoles ; mais la perfidie, la trahison, mais des ingrats, des monstres, tout cela était alors et fut longtemps encore lettre close pour moi ; toutefois, la chaleur de l'entretien m'avait tellement électrisé, que je n'eus rien de plus pressé, dès que je fus seul, que de la mettre par écrit. De longues méditations s'ensuivirent.

« *Dieu nous a fait des cœurs différents de*

ceux-là! ces expressions de mon père m'ont souvent suggéré des réflexions qui trouvent ici leur place. On a déjà vu, dans plusieurs traits que j'ai cités, que mon père employait souvent le saint nom de Dieu. C'était aussi l'habitude de ma mère : *S'il plaît à Dieu, grâces à Dieu, Dieu aidant*, et autres locutions semblables, revenaient sans cesse dans leurs discours et dans leurs entretiens. Sans parler des prières du matin et du soir qu'ils faisaient avec ferveur, il semblait que toutes leurs pensées, leurs actions, fussent précédées d'un acte intérieur d'élévation vers l'auteur de tout bien.

« Cela paraîtrait aujourd'hui bien puéril! nos esprits forts méprisent ces usages ; mais on sait qu'un des plus grands génies dont s'honore l'humanité, celui qui a pénétré le plus avant dans les mystères de la création, l'illustre Newton, prononçait souvent aussi le nom de Dieu et qu'il se découvrait la tête chaque fois que ce saint nom sortait de sa bouche. Fortifié par ce grand exemple, je souhaite que Dieu me fasse la grâce de marcher dans les mêmes voies que mon père et ma mère, au risque des moqueries des grands esprits du siècle [1]!

---

1. Ce charmant tableau des vertus paternelles de Marin Chéron nous remet en mémoire le portrait de

« Me voilà bien loin d'une autre grave leçon
que je reçus de mon père! C'est à Bailly (la maison de M. Fontaine) qu'elle me fut donnée :

« C'était le jour de la Pentecôte, fête solen-
nelle. On ne rougissait pas alors de remplir ses
devoirs de religion. Toute ma famille assistait à
la grand'messe du village. Nous voyons arriver
dans le banc seigneurial un jeune homme en
veste de chasse, chapeau gris et le fouet à la main;
son chien le suivait. On nous a dit depuis que
c'était le fils du seigneur. Honoré, encensé sui-

Pierre de Sudre, tracé par son petit-fils dans le *Livre de
raison* de cette famille modèle : « Quoique le nombre
des enfants de mon grand-père fût de huit, il n'épargna
rien pour leur éducation. Aussi était-il un grand homme
de bien, craignant Dieu, tâchant de leur inspirer les
bons sentiments dans lesquels il était véritablement; et
c'est en quoi il avait fort bien réussi, puisqu'il n'eut
jamais sujet de se plaindre de ses enfants, qui lui ont
toujours été soumis et très obéissants. » Dans le régime
moderne, un pareil tableau ne se voit plus : « *Le temps
des pères absolus est passé*, écrit M. Legouvé; le temps
des pères constitutionnels est venu ! L'autorité paternelle ne doit plus s'exercer qu'avec le consentement de
ceux *qui se courbent sous son empire !* » (Voir *Les pères
et les enfants*, p. 188.) Faut-il s'étonner si les enfants ne
veulent plus écouter les conseils de leurs parents, quand
ils lisent des sottises comme celles-ci : « Telle est la
rapidité des connaissances qu'aux deux tiers de sa carrière le père n'est plus au niveau de ce qu'il faut savoir;
ce n'est plus lui qui enseigne ses enfants, ce sont ses
enfants qui refont son éducation. Il représente pour
eux la routine, la pratique usée, la résistance qu'il faut
vaincre ! » (De Fontenay, *Journ. des éc.*, juin 1856.)

vant l'usage, il se disposait à sortir avant la fin de la messe, probablement pour ne pas être confondu avec la foule, lorsqu'on vint lui présenter un morceau de pain bénit sur un plat d'argent. Le jeune homme le reçut d'un air dédaigneux et le donna aussitôt à manger à son chien. Troublé, confondu par cette action sacrilège, je tournai les yeux vers mon père. L'indignation et le mépris se peignaient sur son front. Il me serra la main sans mot dire, mais aussitôt que nous fûmes sortis de l'Église : « *Mon ami*, me dit-il, *il arrivera de grands malheurs à la France.* Quand ceux qui sont faits pour donner l'exemple commettent de pareils scandales et ne sont point punis, c'est que Dieu se réserve le châtiment. *Dieu punira la France!* » Ces paroles, prononcées avec une énergie dont je ne puis donner une idée, n'ont pu sortir de ma mémoire, et, toutes les fois que j'ai vu citer tant et de si diverses prophéties de nos calamités, je me suis rappelé celle de mon père. Aucune autre ne m'a paru empreinte à ce point d'un véritable esprit de divination.

MARIN CHÉRON

Planteur en chef des forêts du roi

(1715-1783)

CHAPITRE II

LA VIE DE FAMILLE AU XVIIIe SIÈCLE. — LES ENFANTS
DE MARIN CHÉRON (1783-1790)

Après nous avoir fait connaître son père par
les traits à la fois touchants et fermes qu'on
vient de lire, François Chéron nous introduit au
sein de sa famille et la fait revivre sous nos yeux.

Rien n'est plus propre à mettre en relief un
temps, une société, que ces descriptions de fêtes
domestiques, où les moindres usages sont rap-
portés avec fidélité. Les esprits superficiels peuvent seuls y trouver quelque ennui : l'historien
et le philosophe savent que sous les récits naïfs
et intimes, qui n'ont pas été préparés pour l'histoire, se cache la vie d'un peuple. Au reste, avec
Chéron pour guide, l'ennui n'est pas à craindre,
car il sait quels détails il doit omettre et quelles

scènes il faut développer. Sa plume alerte et fine excelle à nous rendre les vives émotions de sa jeunesse.

On se figure aisément la gaieté qui devait régner dans ces réunions de Saint-Germain, où le planteur en chef des forêts du roi réunissait autour de sa table ses nombreux enfants, ses petits-fils et ses petites-filles, et les parents auxquels il donnait l'hospitalité. Pareil spectacle est devenu rare à notre époque, où les enfants, sitôt élevés, quittent le toit domestique et n'y reviennent plus. L'instabilité des familles est un des fléaux les plus redoutables de notre société civile; c'est une conséquence de notre instabilité politique, de l'incertitude qui pèse sur nos destinées, de notre législation successorale et de nos mœurs. « Pour nous, écrit un auteur que nous aimons à citer, parce qu'il a longuement étudié le mal et discerné le vrai remède [1], pour nous, l'individu seul existe; seul, il est la source et l'objet de droits absolus. L'intérêt propre étant pour chacun un mobile souverain, le faisceau de la famille se brise, et dès lors disparaissent les liens qui en dépendent. Cet individu, considéré exclusive-

1. *Les familles et la société en France avant la Révolution*, par M. Charles DE RIBBE, p. 103, t. I.

ment dans sa personnalité, est tout en puissance :
en fait, quand on pénètre dans les classes les plus
nombreuses, on le voit devenir un grain de sable,
perdu dans le tourbillon d'une collectivité anonyme. Entre lui et l'État se creuse un abîme où
se précipitent tous les instincts inassouvis. C'est
ainsi que des masses, formées d'une multitude
de déclassés au moral et au physique, sont livrées
à des erreurs qui aboutissent au renversement
de la raison et à la négation de l'expérience.
C'est ainsi également que l'État grandit comme
un colosse dans cette poussière. Comment sorti-
rons-nous d'une telle situation? Quelles institutions sont possibles, là où tout, absolument tout,
est mobile? »

Heureusement, un commencement de retour
vers un état meilleur se fait sentir depuis quelque temps. Frappées par les événements et con-
damnées à l'impuissance dans la sphère politique,
un grand nombre de familles françaises se re-
plient sur elles-mêmes, et nous voyons se former,
comme autrefois, des foyers domestiques, soit
dans les villes, soit dans les campagnes, où se re-
nouent les liens de la tradition. Nous espérons
que nos récits contribueront pour leur part à convaincre ceux qui les liront que le bonheur et la

dignité de la vie consistent à suivre et à développer sur place les traditions de famille. Nous les reprenons où nous les avions laissés au précédent chapitre :

« En 1782, j'avais dix-huit ans. L'union la plus parfaite régnait dans ma famille. Ma sœur, Mme Dumas, mon aînée de quinze ans, avait quatre filles, bien élevées, tendres et respectueuses envers leurs parents. Leur plus grand bonheur était d'être auprès d'eux. Les jours de réunion, qui étaient fréquents, occupaient toute la semaine la pensée de mes jeunes nièces et de leur mère. La plus grande punition qu'on pût leur infliger était de ne pas aller dîner chez *grand-papa* et *grand'maman*. Et le jour de l'an et les jours de fête, quelle activité, quelle ardeur dans les préparatifs! Quel intérêt touchant, quelles recherches délicates pour imaginer quelque surprise, pour trouver quelque cadeau qui fût agréable à leurs parents! Je n'avais jamais eu l'idée de rien composer, et c'était de bien bonne foi que je ne m'en croyais pas le talent; mais, à l'approche de ces jours de fête si désirés, mes jeunes nièces me priaient, me pressaient avec tant d'instances!... Enfin, je me suis risqué.

Cela n'était pas bien bon, et cependant quelle impression délicieuse produisit ce premier essai de ma muse! J'ai assisté depuis lors à bien des fêtes de famille; mais trop souvent elles m'ont paru gâtées par l'apprêt, l'affectation, la cupidité même, gauchement déguisée. Ici, tout était naïf, pur, désintéressé. Je vois encore la surprise et la joie briller sur le front de mon vieux père, ma bonne mère ne pouvant retenir ses larmes; je vois l'attendrissement, l'allégresse de toute la jeune famille; mon cœur bat encore de plaisir quand je me rappelle l'innocent orgueil, l'effusion touchante de mes nièces, me remerciant du petit triomphe que mes inspirations leur avaient procuré. Non, jamais de telles scènes ne s'effaceront de mon souvenir!

« Ma nièce aînée avait alors douze ans. Elle se nommait Marie, et, comme les noms de roman n'étaient pas encore à la mode, on l'appelait bourgeoisement *Manette*. La bonne Manette n'a pas été heureuse. Mariée en premières noces à un sot orgueilleux qui a laissé périr entre ses mains un bel établissement de commerce, elle n'a pas été plus chanceuse dans un second mariage. Accablée de chagrins, en proie à toutes les tribulations qui suivent le délabrement de la fortune, elle est morte à Paris, sans enfants, au mois de juillet 1810.

« Adélaïde, la cadette, était âgée de dix ans. Avec un excellent cœur, elle était excessivement légère, ennemie de tout travail et rebelle à toute instruction. A la mort de son mari, Adélaïde n'a pas su régler sa fortune, et elle a fini par la dissiper entièrement. Elle est morte en 1823, dans un état voisin de la détresse.

« Elisabeth est la seule qui ait survécu. Favorisée par la fortune, elle a su la conserver. Agée alors de neuf ans, elle en a cinquante-cinq en 1828, année dans laquelle je retrace ces souvenirs.

« Alexandrine, ma quatrième nièce, était la seule qui restât à marier lorsque le bel établissement de son père, M. Dumas, fut bouleversé.... Cette ruine fut complète. Je me suis uni à mon frère pour marier Alexandrine. Elle a été constamment malheureuse et a déployé dans l'adversité un noble caractère.

« Outre ces quatre filles, ma sœur avait un fils, Auguste Dumas; c'était un gros garçon, assez épais et assez lourd, et d'une allure un peu sauvage. Ce jeune homme a été malheureux toute sa vie. Il avait à peine douze ans lors de la ca-

tastrophe qui renversa la maison de son père.
Nous nous sommes tous cotisés pour achever son
éducation, qui, malgré tous nos efforts, ne fut
pas aussi surveillée que nous l'aurions désiré.
Le mouvement progressif de la Révolution, les
calamités qui en ont été la suite, l'ébranlement
et la diminution de toutes les fortunes, le souci
que chacun était obligé de prendre de sa propre
sécurité, tout a concouru à consommer son in-
fortune. Dumas fils a été tour à tour soldat,
commis, maître d'école; il a fait tous les métiers
et a terminé sa vie dans la pauvreté. »

Après avoir ainsi, d'un trait rapide, décrit les
personnages qu'il va mettre en scène, Chéron
passe au récit de quatre ou cinq réunions de famille, soit à Saint-Germain, le jour de la Saint-
Marin, soit chez M. Dumas, soit enfin à Bailly, chez
M. Fontaine : mais il se défend de toute pensée
de sotte vanité en transcrivant ses légères poésies :

« J'aurais peine, dit-il, à déterminer de quelle
nature sont les sentiments dont je suis animé en
transcrivant ces fugitives productions. Je n'ai
pas besoin de dire que la vanité n'y a point de
part. Il est trop évident qu'il n'y a pas de quoi
s'enorgueillir, tant s'en faut! Le bel esprit eût
paru d'ailleurs fort déplacé dans les bouches

innocentes de ces enfants. Mais, l'amour-propre
d'auteur écarté, ne reste-t-il pas des sentiments
plus puissants que la vanité! Comment ne pas
se complaire à retracer ce qui tant de fois a fait
la joie et le bonheur de ma famille? Ce sont des
lieux communs, sans doute; mais ces lieux communs ont rempli d'allégresse tant de jeunes
cœurs, ont fait verser de si douces larmes à
leurs parents! Dirai-je que j'éprouve un véritable
plaisir à me rappeler ces jours de félicité...? Non,
le plaisir n'est plus fait pour moi. J'achève mon
existence dans les regrets. J'ai perdu tous ceux
que je chantais : j'ai survécu même à presque
toute cette jeunesse aimable et chérie qui me
prêtait ses doux accents. Mon âme est livrée à
une mélancolie profonde [1]; en quelques mains
que ces souvenirs puissent tomber, j'espère
qu'on y puisera d'utiles leçons, quelques bons
exemples à suivre et à donner. »

1. La mélancolie! sentiment anormal qu'on ne connaissait pas avant la Révolution, parce que chacun y
était à sa place, uniquement occupé de travailler pour
subvenir aux besoins de sa famille, sans grand souci de
l'avenir au point de vue matériel, et plein de confiance
dans les autorités religieuses et sociales. Quelle place
la tristesse aurait-elle occupée dans ces foyers si remplis
et si joyeux? La mélancolie est née de la Révolution,
qui a tué la foi; elle est sœur de l'individualisme et de
l'isolement : c'est la compagne habituelle de l'envie.

Il nous sera difficile d'accompagner notre auteur dans tous les détails qu'il nous confie sur ces fêtes de famille que l'on goûtait si vivement au xviiie siècle. Nous pouvons cependant en saisir les traits principaux.

Voici, par exemple, à quelle occasion il composa une chanson pour son frère Louis-Claude, le seul survivant, avec lui, des fils de Marin Chéron. C'était le jour de la Saint-Louis, le 25 août :

« Ce n'est plus un père, écrit-il, ni une mère que nous avions à fêter; c'est un frère, un jeune oncle, aimable, gai, spirituel, qu'il fallait chanter selon son caractère exempt d'austérité. Il était d'autant plus convenable de saisir cette nuance que cette petite fête devait avoir lieu à Saint-Germain-en-Laye, sous les yeux de ma mère, à laquelle nous voulions ménager cette surprise, et qui avait été fêtée à Paris peu de jours avant, comme grand'maman. Cette petite partie fut très joyeuse. Toute la famille s'était rendue à Saint-Germain pour la foire de la Saint-Louis, qui était alors assez brillante. Mon frère ne s'attendait pas au bouquet de notre caravane, qu'il reçut avec une cordialité parfaite. Ce souvenir est d'autant plus doux pour moi que je n'en ai pas vu d'autre exemple depuis que j'existe. Quelle union touchante que celle de frères, sœurs, neveux et nièces, se livrant sous les yeux de leurs parents aux épanchements de la tendresse la plus pure, tendresse que n'ont pu même altérer les tristes affaires d'intérêt! Pourquoi faut-il que de si douces réalités passent aujourd'hui pour des fictions ou des prodiges [1]?

COUPLETS

Composés à Saint-Germain-en-Laye, le 25 août 1781, jour de la fête de mon frère Louis.

Mme DUMAS, ma sœur.

(AIR : *A la façon de Barbari.*)

Je ne prendrai pour te chanter
Ni tambour ni trompette ;
S'il ne fallait que te flatter,
Je resterais muette ;

[1]. « Il est remarquable, lisons-nous dans la *Vie du village en Angleterre* (Paris, Didier, 1862), que le peuple anglais, d'ordinaire si froid, si compassé, ait multiplié à ce point les occasions de fêtes et de réunions joyeuses, tandis que dans notre France, de tempérament si naturellement enjoué, presque toutes les fêtes qui réunissaient nos pères et jetaient un si grand charme dans la vie *ont disparu les unes après les autres*. Des jouissances individuelles, solitaires et égoïstes, ont remplacé partout chez nous, même dans les villages, les plaisirs pris en commun, et cela au grand préjudice du lien social et du bonheur de tous. »

> Mais le cœur dicte ma chanson
> (La faridondaine, la faridondon),
> Et je vais te chanter ici
> Biribi
> A la façon de Barbari,
> Mon ami !

Adélaïde, ma nièce.

(Air : *Tous les bourgeois de Chartres.*)

> Sans une peine extrême
> Je compose un couplet :
> Je dis que je vous aime,
> Et l'ouvrage est parfait !
> Sur un défaut d'esprit jamais je ne m'excuse ;
> Pour cela faut-il être auteur ?
> Mais je n'écoute que mon cœur,
> Qui jamais ne m'abuse .. etc.

« Ces couplets simples et naïfs eurent un grand succès auprès de mes nièces. Les sublimes esprits qui de nos jours ne parlent qu'avec dédain de ces *gothiques* usages ne savent pas combien ces *niaiseries sentimentales*, comme ils les appellent, fortifient l'esprit de famille, donnent de charme à l'accomplissement des devoirs, en font une délicieuse habitude, et entretiennent ainsi les tendres affections, la concorde et l'harmonie entre les pères et mères et les enfants, et, ce qui est plus rare encore, entre les frères et sœurs si prompts à se diviser, quand le vieux respect pour les grands-parents ne leur sert plus de frein

et que la tyrannie si puissante de l'intérêt n'a
point à combattre ces souvenirs touchants consa-
crés tant de fois par les regards et les pleurs paternels. On peut m'en croire, jamais famille ne
fut plus unie que la nôtre, alors que nos cœurs
étaient si profondément touchés de ces douces
solennités, si méprisées aujourd'hui.

« La chanson suivante est au nombre des plus
pénibles. Saint Marin, patron de mon père, se
fêtait le 3 mars. L'affaiblissement trop évident
de ses facultés nous faisait alors pressentir une
funeste catastrophe. Notre affliction était profonde. Nous voulions la dissimuler, et je fus
chargé de la cruelle tâche de chanter et de feindre
un espoir qui n'était plus dans nos cœurs. Il
faut avoir subi une telle épreuve pour en sentir
toute l'amertume. C'est au milieu des plus vives
anxiétés que j'écrivis ces tristes rimes; mon père
n'a survécu qu'un peu plus d'un mois à cette fête :

COUPLETS

Composés le 3 mars 1783, jour de la Saint-Marin, pour la fête
de mon père.

Mlle DUMAS, l'aînée.

(AIR : *Vive Henri ! Vive Henri !*)

Pour fêter le meilleur des pères,
Ne cherchons point de compliments.

> Plus nos vœux sont purs et sincères
> Moins ils ont besoin d'ornements.
> Dans ce jour de fête,
> Choisissons un simple refrain
> Et qu'à l'envi chacun répète :
> Vive Marin !

ALEXANDRINE (âgée de six ans) :

> Je cède à mes sœurs l'avantage
> D'avoir plus que moi de raison :
> Mais ici le cœur n'a point d'âge,
> Lui seul a dicté ma chanson.
> Sans art, sans étude,
> Je répète ce doux refrain ;
> De le chanter je prendrai l'habitude :
> Vive Marin ! etc.

« Ces fêtes de famille, renouvelées aux grands jours de chaque année et célébrées avec d'assez pauvres couplets, ainsi qu'on a pu le voir, produisaient de telles impressions, excitaient un tel enthousiasme dans les âmes naïves et pures de mes jeunes nièces, qu'elles ne me laissaient pas de repos, chaque fois qu'il se présentait une occasion de les renouveler. En vain leur disais-je que je ne pouvais éviter la répétition des mêmes mots, l'expression des mêmes sentiments ; j'étais obligé de leur céder ! »

Mais ce n'était pas seulement dans les réunions de Saint-Germain que Chéron récitait ou chan-

tait ses vers; suivant la mode générale à cette
époque, il envoyait des poésies piquantes aux
jeunes héritières du voisinage, et il nous en a
laissé quelques-unes qui ne manquent pas de
charme. Puis c'étaient des bouts-rimés, des im-
promptus, qui attiraient l'attention des personnes à qui ils étaient dédiés. Ces petites anecdotes sont très propres à nous faire connaître la
société bourgeoise de la fin du xviiie siècle :

« C'était en 1784. Mlle B..., jeune et jolie héri-
tière, était à marier. Je n'avais que vingt ans et
je n'étais pas fort pressé de lui faire ma cour.
Mlle B... venait avec sa mère aux petits bals de
famille que donnait ma sœur. Mes nièces ne
manquèrent pas de lui dire que je faisais des
couplets. Elle m'en fit compliment. Mon amour-
propre en fut flatté. Je crus devoir l'en remercier en lui adressant la veille de sa fête un petit
échantillon de mon savoir-faire. Malheureusement, la jeune personne fut trop vivement tou-
chée de mon hommage. Elle crut à une déclaration en règle. Voyant que la chose était prise
trop au sérieux, je fus plus économe de mes visites. Mlle B... s'en plaignit. Plusieurs de ses
parents me pressèrent d'y retourner, de manière

à me convaincre que l'on me regardait déjà comme un futur. Alors, je m'éloignai tout à fait. Mlle B... épousa peu de temps après un agent de change, M. C..., qui fit de très mauvaises affaires et mit le feu chez lui pour faire disparaître les traces de ses opérations. Cet événement a occupé tout Paris. Mlle B... et son infortuné mari n'existent plus. Elle était digne d'un meilleur sort; mais eût-elle été plus heureuse avec moi? Mon étoile n'était pas favorable...

« Voici le premier impromptu que j'aie fait en société. C'était pour une jeune et jolie veuve, qui n'aurait pas mieux aimé que de m'enchaîner à son char. Mais je n'ai jamais aimé la coquetterie, poussée à un certain excès. Mme D... était aimable, spirituelle, tenant une fort bonne maison et y recevant une société bien choisie. Je m'y amusais assez, et pourtant je la recherchais peu. Je reçus un jour une invitation pressante. Je m'y rendis. La société était nombreuse. Beaucoup de fleurs, un grand nombre de bougies allumées, de brillantes parures, tout annonçait un jour de fête. On m'apprit que c'était celle de la maîtresse de la maison, qui s'appelait *Victoire*. L'idée me vint aussitôt de faire des couplets. On joua. Je fis quelques caves à la bouillotte aux trente sols. La tête pleine de mes couplets, je perdis mon argent. En ayant l'air d'être spectateur au jeu, que je ne regardais pas, je composai quatre petits couplets qui surprirent d'autant plus Mme D... qu'elle m'avait fait toute la soirée la guerre sur ma taciturnité et ma maussaderie... On m'en plaisanta : on me proclama tout bas le vainqueur de Mme D... J'en fus piqué. Je devins plus rare de jour en jour, et je finis par laisser *Victoire* sur la *bonne bouche* de ma chanson. Je ne me rappelle toutes ces petites circonstances que comme une suite d'imprudences et de sottises. »

C'est à ce moment que Chéron nous raconte les premières impressions qu'il reçut à sa sortie du collège. Le récit, quoique très simple, est assez piquant et assez vif pour mériter d'être reproduit :

« M. Fontaine, dont j'ai déjà parlé, avait un fort joli domaine à Bailly, près de Versailles. Quand il avait le bonheur d'y recevoir mon père, rien n'égalait sa joie. Tous les jours étaient des jours de fête. Je fis partie du voyage en 1780, année de ma sortie du collège. A cet âge, tout était nouveau pour moi. Je n'avais encore vu que la modeste maison paternelle de Saint-Germain. Quelle délicieuse impression fit sur moi cette nouvelle résidence, où je vis pour la première fois de jolis bois, des pièces d'eau, peuplées de poissons, et surtout le petit bateau, peint en bleu, avec son *pavillon blanc !* Que de plaisirs pour un écolier ! un jour, promenade sur l'eau ; le lendemain, pêche à la ligne ! Et comment oublierais-je que c'est là, que c'est à Bailly, que mon premier coup de fusil fut tiré ! Je mourais d'envie d'éprouver mon adresse, et je n'osais en parler à mon père et à ma mère, qui certainement s'y seraient opposés. Un jour que je vis entrer mon cousin dans son bois, armé d'un fusil, je lui demandai la permission de le suivre. Il y consentit, à condition que je marcherais à pas de loup, en évitant de faire le moindre bruit. Après avoir fait quelques pas, nous nous embusquâmes dans un fourré où nous restâmes plus d'une demi-heure, immobiles, et n'osant presque respirer : mais j'eus bien de la peine à comprimer ma joie en voyant sortir d'un taillis un jeune lapin qui fut bientôt suivi de cinq ou six autres, s'égayant sur la clairière dont nous étions voisins, pendant que Fontaine ajustait son arme sur la troupe imprévoyante.

Le coup part : deux victimes restent sur place.
Je m'empresse d'aller m'en saisir. Elles respi-
raient encore et se débattaient contre la mort.
J'avoue que ce spectacle, nouveau pour moi, ne
me plut guère, et de ce moment je sentis que je
n'aurais jamais un goût bien vif pour la chasse.
Mais l'orgueil affaiblit bientôt cette impression.
Je retournai fièrement à la maison, chargé de
ma proie. « Voilà, dit Fontaine en arrivant,
voilà la chasse de des Carrières! » Mon père
fronça le sourcil, le regard de ma mère était in-
quiet, et moi je rougissais et je baissais les yeux.
Fontaine vit bien que la plaisanterie n'avait pas
de succès, et il se hâta de dire que je n'avais été
que le témoin, mais témoin intrépide, et qui
n'aurait pas demandé mieux que d'être acteur.
« C'est bon, dit mon père ; mais cela ne presse
pas ; il faut attendre... quand il aura de la barbe! »

« Je me tins donc pour dit qu'il fallait m'abste-
nir de la chasse jusqu'à nouvel ordre ; mais comme
il ne m'était pas défendu d'accompagner mon
cousin, j'en épiais avec soin toutes les occasions.
Un jour, à peine étions-nous entrés dans le bois,
nous entendîmes un grand bruit. C'était un
pauvre chat qui s'était laissé prendre au piège.
« Ah! le maudit chat, dit Fontaine, c'est lui qui

mange mes lapins! veux-tu le tirer? » Je fus retenu par un sentiment d'orgueil qui me faisait répugner à tuer à coup sûr un animal sans défense. La crainte du ridicule l'emporta. Fontaine reprit le fusil, et la pauvre bête reçut aussitôt la charge dans les flancs.

« Deux jours après, une honorable revanche me fut donnée. Embusqué dans un buisson, sur un tertre assez élevé, je tuai d'un seul coup deux jeunes lapereaux. Pour rendre hommage à la vérité, je dois dire qu'ils étaient rassemblés au nombre de douze au moins lorsque je tirai sur eux. Je me gardai bien de me vanter de ce triomphe, et je n'en fus ni plus fier ni plus amoureux de ce genre d'exercice. Mes deux victimes, frappées par un maladroit, n'étaient qu'estropiées : il fallut les achever. L'épreuve était faite! il était écrit que je serais toute ma vie un mauvais chasseur, et mon horoscope s'est accompli, puisque, à l'exception de trois ou quatre perdrix qui ont eu le malheur de se trouver depuis devant moi, je n'ai jamais fait le moindre mal à aucune autre bête vivante.

« Certes, je ne prétends occuper l'attention de personne avec de telles puérilités; c'est pour moi, c'est pour ma satisfaction que je les retrace, ces souvenirs de l'enfance qui me rappellent les soins, la tendresse et les bienfaits de mes parents. Mais il n'est plus temps de m'abandonner à ces doux épanchements!... »

Nous pourrions citer encore la description que François nous a laissée des fêtes de sa mère, de son beau-frère M. Dumas et de ses jeunes nièces; mais à quoi bon allonger ces récits, au risque de diminuer par la répétition des mêmes scènes l'intérêt du tableau? Ce qu'il nous importe de connaître, ce sont les mœurs de la société moyenne sous l'ancien régime, cette vie patriarcale, ces délassements à la fois si vifs et si purs, qui mettaient la joie dans tous les cœurs. La religion faisait alors le charme de la vie, car toutes ses grandes fêtes étaient une occasion qu'on saisissait avec empressement de se réunir et de se reposer des travaux de la saison, en chantant quelque vieux refrain. Ces douces habitudes se sont maintenues dans nos campagnes jusqu'à ces dernières années, dans les familles d'agriculteurs. Nous nous souvenons d'avoir assisté plus d'une fois, dans notre enfance, à de semblables fêtes où l'on attendait impatiemment le dessert pour entendre quelque vieille chanson, pleine de sentiment, et l'émotion que nous ressentions

alors devait être bien vive, puisque aujourd'hui,
après trente ans passés, le souvenir nous en est
resté très présent et très doux. C'est ainsi que se
faisaient les fortes éducations, à défaut de ces
ouvrages de philosophie qu'on met aujourd'hui
entre les mains des enfants à l'école. Mais cette
mode a cessé, et quand nous retournons au village, nous retrouvons désertes les maisons où
l'on chantait, et nous n'entendons plus que des
couplets malsains, où la politique se mêle à l'immoralité.

Ce fut le malheur de la génération dont
F. Chéron faisait partie, que la dissolution de
l'ordre social étant proche et en quelque sorte
inévitable par suite de l'état des esprits et des
mœurs, les plus fortes éducations et les plus
belles qualités de l'âme se trouvèrent impuis-
santes en face des mouvements publics. Tout
fut emporté dès les premiers jours, et les masses
populaires, abandonnées à leurs instincts, jetè-
rent au vent du siècle leurs traditions séculaires.
Nous allons voir la famille Chéron frappée
d'abord par la mort de son chef, troublée par
les désastres financiers qui accompagnèrent la
révolution et presque anéantie par les événements politiques : la maison paternelle conservée

quelques années par la mère, puis abandonnée, et enfin les liens qui unissaient cette belle famille tellement brisés que la plupart de ses membres ne se revirent plus à partir de 1790, et que François se demandait en 1828 ce qu'avaient pu devenir toutes ces personnes qu'il avait tant aimées! C'est ainsi que devait s'accomplir le funeste vœu de Barrère, s'écriant à la tribune de la Convention, lorsqu'on fit table rase de l'antique organisation des familles : « Nous avons pris ce parti pour effacer tous les souvenirs d'histoire, tous les préjugés résultant de la communauté des intérêts et des origines : tout doit être nouveau en France, et nous ne voulons dater que d'aujourd'hui! »

Marin Chéron, le chef de la famille, mourut le 7 avril 1783. A cette époque, il n'avait plus que trois enfants, Louis-Claude, François et Mme Dumas; mais d'un autre fils prédécédé il lui restait un petit-fils, Florent Chéron, de Bellesme, et nous savons que Mme Dumas avait elle-même quatre filles et un fils. La mort avait fauché cette jeune génération, et ces cruelles épreuves, sur lesquelles François garde un respectueux silence, avaient sans doute altéré, avant l'heure, la santé du robuste forestier.

De courtes notes laissées par les deux fils survivants nous font entrevoir le désespoir de leur
mère quand elle perdit celui qui était son honneur et sa force. A partir de ce jour, elle prit le
deuil et ne le quitta plus, mais elle n'abandonna
aucun de ses devoirs, et, dans l'exercice de son
autorité maternelle, nous aurons plus d'une occasion d'admirer la noblesse et la fermeté de son
caractère.

« Il n'y eut point de fête pendant l'année du
deuil de mon père, à la mémoire duquel je me
réserve de payer mon tribut filial dans le cours
de ces souvenirs...

« L'harmonie qui régnait alors dans la famille
ne fut point troublée par la mort de mon père;
notre mère sut l'entretenir. Il est même rare que
des affaires de succession soient traitées avec autant de loyauté et de désintéressement que le furent les nôtres. Les opérations de commerce de
M. Dumas, mon beau-frère, étaient pourtant en
souffrance, dès cette époque, à notre insu, et les
intérêts de mon neveu, Florent Chéron de Bellesme, étaient entre les mains de son beau-père...
Mais la déférence, ou plutôt la vénération pour
les grands-parents, avait alors un grand pouvoir.

Elle dominait toutes les passions et jusqu'à l'intérêt pécuniaire.

« Quoique mon père eût été le seul artisan de sa fortune et que les reprises de ma mère fussent presque nulles, on lui déféra unanimement le droit de fixer elle-même son sort, ce qu'elle fit avec toute la délicatesse qui la distinguait. Et pourtant ce sort fut si beau que ma mère eut le moyen de conserver jusqu'au terme de ses jours (1793) son même logement de Paris, sa voiture à deux chevaux, trois domestiques, sa maison de campagne de Saint-Germain, et son jardinier chargé de sept enfants, qu'on pense bien qu'il ne pouvait nourrir, vêtir et élever avec huit cents francs de gages. « Mais le moyen, disait cette bonne mère, de renvoyer un père de sept enfants ! »

« Ma mère suffisait à tout avec moins de quinze mille livres de rente. Mon frère et moi nous vivions avec elle, nous logions sous le même toit, nous ne l'avons pas quittée pendant les dix années qu'elle a survécu à mon père, nous lui avons fermé les yeux, et, grâce au ciel, tant que nous avons eu le bonheur de la conserver, elle n'a eu ni un vœu à former, ni l'ombre d'un reproche à nous faire [1]. »

1. « Une femme mesnagère entrant en une pauvre

Le récit de François contient ici quelques
traits sur lesquels il est nécessaire de s'arrêter un
instant pour en faire ressortir la portée.

La succession de Marin Chéron, étant rotu-
rière, devait, d'après la coutume, être partagée
par égales parties entre les quatre enfants et
petit-fils survivants. Si les héritiers du planteur

maison l'enrichit, une dépensière ou fainéante destruit
la riche. La petite maison s'agrandit entre les mains de
celle-là, et entre les mains de celle-ci la grande s'appe-
tisse, » lisons-nous dans le *Mesnager des champs.*
« Plus grande richesse ne peut souhaiter l'homme en ce
monde que d'avoir une femme de bien et de bon sens. »
Cette grande richesse, Marin Chéron l'avait possedée.
La femme, écrit M. de Ribbe, est le cœur même de la
famille : providence et charme du foyer, elle est au
dehors la force qui produit le bon gouvernement du
ménage. Placée à côté de la matrone romaine, la mère
chrétienne grandit de toute la hauteur qui sépare l'idéal
divin de l'Evangile de l'idéal de beauté terrestre ou
d'ordre matériel dont s'inspirent les civilisations antiques dans leurs meilleurs jours, avant la dégradation
finale et irrémediable au sein de laquelle la famille
disparut. Et plus loin : « Notre pays, en perdant le
sentiment des devoirs de la paternité, a mieux gardé le
respect de la maternité, dans les familles demeurées
fidèles à la tradition. On peut même dire que les meres
chrétiennes sont devenues aujourd'hui la force et l'espérance de la société en detresse. Mais il ne faut pas
s'y tromper ; si le torrent continue à entraîner le peu
qui reste des mœurs et de l'éducation domestique, cela
ne durera pas toujours. Il n'est pas dans l'ordre naturel
et normal que les principes établis par Dieu soient renversés, que le chef de famille abdique la direction
morale de son foyer, que la femme porte seule la res-
ponsabilité et le fardeau du gouvernement des enfants. »

en chef avaient suivi cette règle, que serait-il advenu? Aucun d'eux n'étant en situation de conserver la maison de Saint-Germain, celle-ci eût été vendue, et il eût fallu renoncer à toutes les réunions de famille et à ce confortable dans lequel le vaillant forestier avait, jusqu'à sa mort, entretenu ses enfants. En outre, les reprises de Mme Chéron étant « presque nulles », ainsi que nous l'apprend son fils, la mère de famille eût été réduite à une condition très inférieure. Aussi ne peut-on assez admirer le généreux mouvement de tous ces enfants venant prier leur mère de régler elle-même son sort, c'est-à-dire de prélever sur la fortune indivise ce qui lui semblerait nécessaire pour conserver à la famille un centre d'union. Cette démarche était un fruit de l'éducation chrétienne qui leur avait été donnée au foyer paternel.

Les enfants de Marin Chéron furent récompensés comme ils le méritaient. Leur mère usa du droit qu'on lui laissait dans l'intérêt général, venant au secours de ceux qui luttaient difficilement contre les coups de la fortune, et employant ses revenus à conserver à tous, au sein du foyer domestique, les agréments ordinaires de la vie. Elle garda près d'elle, à Saint-Germain, ses deux fils aînés; elle cautionna son gendre, reprit après un certain temps les réunions de famille, et si les événements politiques n'avaient pas contrarié ses projets, nul doute qu'elle n'eût transmis d'une façon durable à l'un de ses enfants, Louis-Claude ou François, le foyer lui-même avec ses traditions et ses souvenirs.

De tels exemples sont rares de nos jours où les lois successorales sont appliquées avec rigueur. Aussi voyons-nous la plupart des familles, quand elles ont de nombreux rejetons, s'affaisser sur elles-mêmes à chaque génération, comme un oiseau blessé à l'aile qui ne se relève un instant que pour retomber plus lourdement à terre. On ne sortira de cette situation, qui entraîne après elle les conséquences les plus déplorables au point de vue de la population, que lorsqu'on voudra comprendre que la famille est un être moral, à la conservation et à la prospérité duquel tous les membres et la société elle-même sont solidairement intéressés. Ce qui importe avant tout, c'est de sauver la « famille », c'est-à-dire le toit domestique et ses traditions dans le pays. Ce qui est secondaire, c'est qu'un seul héritier, l'aîné ou tout autre, soit chargé de ce soin, soit par le testament du chef commun, soit par la loi, soit par une convention entre les héritiers. Loin d'être violées par cette coutume, l'égalité et la justice sont au contraire essentiellement sauvegardées, ainsi qu'il serait facile de le démontrer si de tels développements ne devaient pas nous faire perdre de vue les récits de François Chéron [1].

« De nouveaux événements et de nouveaux intérêts ont signalé le cours de l'année 1786. Ma mère vieillissait, sa santé commençait à s'altérer.

[1]. Nous renvoyons nos lecteurs aux savants ouvrages de M. Le Play, dans lesquels cette question est traitée en détail. Qu'on nous permette seulement de signaler un exemple sur ce dernier point. Un cultivateur, propriétaire de sa métairie, avait deux fils. Il garda l'aîné, peu intelligent, près de lui, à la campagne, et l'employa avec succès à la culture et à l'amélioration de son patrimoine : il envoya le second au lycée, le fit recevoir bachelier, et l'aida à entrer dans une administration publique. Pour payer les dépenses considérables de son éducation, il vendit une closerie qu'il possédait, puis il mourut. Le cadet demanda aussitôt, le Code en main, partage par moitié de la succession. L'aîné protesta vainement : on eut peine à l'empêcher de plaider, en lui prouvant que le code civil n'admet pas le rapport « des frais d'éducation ou d'instruction ». Il fallut vendre la métairie pour partager sa valeur en deux lots *égaux*. Retiré aujourd'hui dans une ferme de l'arrondissement voisin, le fils aîné, déchu de son ancienne situation et brouillé avec son frère qu'il ne reverra sans doute de sa vie, prétend toujours qu'il a été injustement spolié, accuse son frère de déloyauté et le Code d'injustice. Il est inutile d'insister sur ces désordres sociaux et sur cette prétendue égalité des partages : tout a été dit sur ce sujet.

Elle avait l'habitude de venir à Paris une ou deux fois pendant le cours de la belle saison. En 1786, elle devint plus sédentaire, et resta constamment dans sa maison de Saint-Germain.

« D'un autre côté, l'époque de sa fête était voisine de celle où devait se faire le mariage de sa petite-fille. C'était la plus heureuse des fêtes pour le cœur de cette bonne mère. Sa *Manette* occupait toute sa pensée, et elle voulut que l'on réservât les chansons pour le jour de la cérémonie, à laquelle elle se promit bien d'assister. En conséquence, on n'alla point à Saint-Germain le 15 août, et les chants ne recommencèrent que le 2 octobre 1786, jour du mariage de Mlle Dumas, l'aînée.....

« L'année 1788 offrit à la France plus d'un funeste symptôme et plus d'un présage sinistre. Tous les esprits étaient en fermentation . La fièvre de l'innovation était devenue épidémique. Le long et douloureux enfantement de la Révolution approchait de son terme.

« Le 13 juillet, un mois avant la fête de ma mère, fut marqué par un désastre épouvantable. Une grêle sanglante et meurtrière dévasta toutes nos campagnes, dans le rayon de plus de vingt lieues de Paris. J'ai brisé plusieurs grêlons d'une grosseur énorme, qui renfermaient une sorte de sang caillé. Les naturalistes n'y ont rien vu, qu'un accident de la nature. J'ai contemplé cet effrayant tableau, j'ai vu les moissons couvertes de plus d'un pied de glace et les routes obstruées par les arbres les plus robustes, brisés et renversés par la tempête. Je ne puis encore y penser sans frémir.

« La consternation était générale. Une tristesse inexprimable flétrissait tous les cœurs. Le jeu avait disparu de toutes les sociétés, et les chants avaient cessé dans toutes les fêtes de famille. C'est dans de telles circonstances que se présenta le 14 août, où je tâchai de distraire de tant d'affligeantes contemplations ma mère et ma sœur par un impromptu qui se ressentait de l'influence de l'époque [1].

« La dernière réunion de famille eut lieu le 16 mai 1789, jour du mariage d'Élisabeth Dumas, ma troisième nièce.

---

1. La chanson en effet ne ressemble guère aux précédentes. Voici les premiers vers, qui feront juger de la différence des temps :

> Eh quoi ! pas un seul couplet !
> Aujourd'hui chacun se tait !
> D'où provient donc ce silence ?
> Faut-il beaucoup d'éloquence
> Pour trouver quelque refrain ?...

« La Révolution était commencée, mais on était loin de prévoir les horribles attentats qui étaient sur le point de la souiller. On était à la veille du 14 juillet, et l'illusion était telle que les hommes réputés les plus sages admiraient qu'un nouvel ordre de choses s'établît si facilement ! On fut trop tôt et trop cruellement désabusé !

« Dès lors, on pense bien que les douces affections furent comprimées par un sentiment de crainte auquel ne tarda pas à succéder l'effroyable terreur. Il faut ajouter que la famille, en s'étendant et en se multipliant, subissait un relâchement inévitable de ses anciens nœuds. Les nouveaux intérêts et les nouvelles familles qui se formaient ne tendaient plus au même centre. Les sentiments, dispersés et partagés, perdent nécessairement de leur force.

« A cette même époque, les affaires de mon beau-frère allèrent de mal en pis. Sous prétexte de spéculations *superbes*, il nous mettait de bonne foi à contribution pour des emprunts ou des cautionnements. Ma mère l'avait cautionné pour une rente viagère de quatorze cents francs au profit d'un sieur Guillaume La S***, auquel elle ne tarda pas longtemps à payer cette rente, à son grand chagrin. Et, depuis son décès, ce

La S*** nous fit bien du mal par ses persécutions, surtout depuis la chute des assignats, époque à laquelle nos maisons indivises ne rapportaient presque rien [1].

« On imaginerait difficilement tout ce que cette hypothèque de 28,000 francs, qui frappait sur tous nos biens, nous a causé de gêne et d'embarras, et tout ce qui en est résulté de funeste, pour moi particulièrement, qui, étant le seul des héritiers qui résidât à Paris, recevais toujours les premières attaques, sauf à me pourvoir ensuite contre mes cohéritiers, tant pour cette créance que pour les neuf cents francs de rente viagère que mon père avait légués à ses domestiques [2]. Il

1. On n'a pas encore assez fait remarquer à quel point la Révolution frappa les familles bourgeoises, non seulement dans l'ordre moral, mais aussi dans l'ordre matériel. On sait qu'il y eut beaucoup plus de bourgeois et d'ouvriers décapités, noyés ou fusillés que de nobles : de même il y eut infiniment plus de fortunes modestes, comme celle des Chéron, atteintes par la révolution de 1789 et totalement anéanties. Le crédit s'étant resserré, la frayeur ayant saisi tous les esprits, l'avenir paraissant très sombre et l'argent ne circulant plus, bien avant les mauvais jours de 1793, la pauvreté et la misère avaient fait invasion partout. Le souvenir de cette époque d'anxiété, qui précéda la Terreur, est resté traditionnel dans un grand nombre de familles de province. Le récit de François Chéron en offre un frappant exemple.

2. « Il faut rendre justice aux domestiques légataires de mon père : ils se sont abstenus de prendre hypothèque. » (*Note du manuscrit.*)

me fallait trouver tous les trois mois 600 francs en argent à une époque où nos maisons étaient presque sans valeur, des appartements de cent louis se donnant pour sept à huit cents francs.

« Ce n'est pas tout. L'argent ne se prêtait alors qu'à deux pour cent par mois, soit 24 o/o par an, et encore avec des sûretés. Et ces maudites hypothèques faisaient reculer tous les prêteurs, de sorte qu'avec une part indivise d'un quart dans des propriétés d'une valeur de plus de six cent mille francs je traînais une existence des plus misérables; mais le moment n'est pas venu d'entrer dans le détail de ces tribulations, qui ont été suivies de calamités bien plus grandes. Je n'en fais mention ici en passant que pour signaler le principal artisan de cette longue chaîne de malheurs qui ont accablé la famille.

« J'ai besoin de faire une halte à cette époque de ma vie, qui dès lors devint aussi agitée qu'elle avait été douce et paisible jusqu'à la fin de mon adolescence. »

Sous le coup de ces tristes événements, la famille Chéron se dispersa, et tous ses membres, préoccupés de leur sort particulier, se séparèrent sans violence et par la force des choses. Il était temps que leur vieille mère allât rejoindre son mari. Elle vit cependant les premiers jours de la Terreur et ne mourut que le 2 décembre 1793.

Avec elle disparut cette famille modèle dont nous avons, avec l'aide des récits de F. Chéron, retracé le riant tableau. Ce sont de telles familles qui ont fait, pendant des siècles, la grandeur de la France : c'est par elles, comme on l'a dit, que la race française, douée d'une fécondité plus puissante que tous les malheurs, a constitué son unité et sa nationalité, fait germer dans les profondeurs du pays ses libertés locales, conquis une gloire militaire incomparable, réalisé les types du vrai et du beau dans les œuvres de l'esprit, et assuré à une longue suite de générations l'inestimable bienfait de la paix sociale et de la stabilité. Il faut connaître et honorer la vieille France si nous voulons mieux servir la France nouvelle, qui cherche ses destinées et qui ne les trouvera que lorsqu'elle sera revenue à ses traditions.

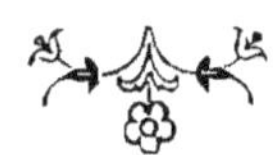

MADAME CHÉRON

NÉE DE FRADDE (1717-1793)

CHAPITRE III

LA LÉGISLATIVE. — LOUIS-CLAUDE CHÉRON, DÉPUTÉ
ROYALISTE. — FRANÇOIS CHÉRON, RÉDACTEUR AU
« JOURNAL DE PARIS ».

J'AVAIS vingt-cinq ans accomplis, lorsque la
Révolution éclata avec toutes ses fureurs.
J'étais le quatorzième et dernier des enfants de
ma mère, desquels je suis aujourd'hui (1828) le
dernier survivant. Ma mère m'avait eu à l'âge de
quarante-six ans, événement assez rare et qui
causa beaucoup de joie à mon père, et surtout
à ma mère, dont j'étais le *Benjamin*. »

C'est ainsi que François Chéron commence
ses récits sur l'époque révolutionnaire. Les deux
frères vivaient paisiblement auprès de leur mère
et s'occupaient de littérature, de poésie, d'art,
sans s'inquiéter beaucoup de l'avenir, au mo-

ment même où la politique fit invasion dans
toutes les classes sociales. L'aîné, Louis-Claude,
écrivait une pièce en trois actes et en vers,
L'homme à sentiments, qui fut reçue au Théâtre-
Français et jouée pour la première fois le 10 mars
1789, à la veille de la Révolution ; il traduisait en même temps les *Lettres sur les principes
d'éducation* d'Elisabeth Hamilton, et déployait
ainsi à trente ans une grande activité. Son frère
François se bornait à écrire quelques poésies
fugitives et se liait d'amitié avec des auteurs distingués, tels que Suard, Lacretelle, André Chénier et Quatremère de Quincy.

Nous avons conservé quelques tableaux et
dessins qui nous les représentent tels qu'ils étaient
à cette époque, jeunes et pleins d'espérance,
fiers de leurs petits succès littéraires, et d'avance
escomptant l'avenir. Louis-Claude était devenu
le chef de la famille depuis la mort de leur père ;
il en avait la gravité et la sagesse, ainsi que nos
lecteurs en jugeront bientôt. Il était grand et fort,
avec des yeux bleus et des cheveux blonds qui
lui donnaient une physionomie mélancolique.
Il jugeait sérieusement les plus menus faits de la
vie. Son rêve était de se faire un nom dans les
lettres, et nous possédons un volumineux dossier

qui ne renferme pas moins de cinq drames en
vers et de quatre comédies inédites. Trois autres
pièces furent reçues au Théâtre-Français ; une
seule eut un vrai succès, *Le Tartuffe de mœurs*,
dont nous parlerons plus tard. Mais la politique
l'absorba dès les premiers jours ; ses concitoyens
de Versailles et de Saint-Germain, frappés de sa
gravité précoce et de l'énergie de son caractère,
le choisirent pour leur représentant à l'Assemblée
législative, et il lui fallut abandonner le commerce des Grecs et des Romains pour celui,
moins agréable, des Jacobins et des Montagnards.

François avait une tout autre physionomie :
c'était une vraie figure d'espiègle. Il avait beaucoup
d'esprit et écrivait avec finesse et légèreté. Toutes
les fois qu'il veut sortir du genre léger et moqueur
qui lui convient à merveille, il devient lourd et
pompeux. Il suffit de jeter un coup d'œil sur les
portraits du temps, qui le représentent avec des
cheveux ébouriffés et de petits yeux malins, pour
deviner ce qu'il devait être à cette époque. Ses
épigrammes et ses chansons, publiées en 1792
dans le *Journal de Paris* et plus tard dans le
Moniteur, lui firent beaucoup d'ennemis ; mais il
était brave, et jamais il ne recula devant un devoir.
Il fut trois fois emprisonné et condamné à mort,

d'abord en 1793, puis en 1815, au retour de
Bonaparte, qu'il avait chansonné; il perdit trois
enfants et se ruina à la fin de l'Empire; mais
nous le retrouverons toujours supportant vail-
lamment les épreuves et faisant face à l'adversité.
Il ne connut la mélancolie que tout à la fin, lorsqu'il eut perdu la compagne de sa vie et atteint la
vieillesse.

Ce fut lui qui se maria le premier, en 1792.
Il épousa mademoiselle Elisabeth-Thérèse de
Saigny, dont la réputation de beauté s'est trans-
mise jusqu'à nous. Quelques jours avant ce mariage, il adressa à sa fiancée, suivant l'usage du
temps, une petite pièce de vers, sorte de poème
allégorique, qui marque un progrès dans le style
du jeune écrivain [1]. Leur union ne fut pas très

---

1. En voici quelques strophes :

L'AMOUR ET L'HYMEN.

L'Hymen et l'Amour autrefois
   Étaient en grande guerre.
Pour le partage de leurs droits,
   Ils embrâsaient la terre.
L'Amour prenait tout sans façon
L'Hymen disait avec raison :
   « Ne suis-je pas ton frère ?

Tu n'es qu'un enfant comme moi
   Et Venus est ma mère ;
Je fais mon bonheur, comme toi,

heureuse : ils eurent cinq enfants, mais ils en
perdirent trois et ne gardèrent que deux filles,
dont l'aînée mourut à vingt-trois ans; la seconde
suivit son mari, M. Meauzé, et se fixa à Angers.

> D'aimer, comme de plaire :
> Si tu fais naître les desirs,
> Près de moi sont les vrais plaisirs :
> Amour, je suis ton frère. »
>
> — Eh bien ! lui répondit l'Amour,
> Ami, pas de colère :
> Au conseil des dieux, sans détour
> Expliquons notre affaire :
> S'ils me condamnent, je suis prêt
> A reconnaître leur décret
> Et j'embrasse mon frère. »
>
> Tous deux aux célestes lambris
> Vont d'une aile légère :
> Près d'Amour, sont les jeux, les ris,
> Les grâces, le mystère.
> Une mère auprès d'un enfant
> Est le cortège plus touchant
> Qu'Hymen offre à son frère...
>
> C'était au monarque des dieux
> A décider l'affaire ;
> Mais on prétend qu'il aima mieux
> Laisser juger leur mère.
> Venus auprès d'eux s'avança :
> Contre son cœur elle pressa
> Et l'un et l'autre frère.
>
> « Mes enfants, dit-elle à ses fils,
> Cédez à mes prières
> Et demeurez toujours unis.
> Plus d'intérêts contraires :
> Qu'Amour rende Hymen plus charmant,
> Qu'Hymen rende Amour plus constant,
> Et vivez en bons frères ! »

Louis-Claude ne se maria qu'après la mort de sa mère, en 1794. Il épousa mademoiselle Beltz, nièce de l'abbé Morellet et cousine de Marmontel. Quelques traits ébauchés par François Chéron et surtout les récits de l'abbé Morellet et les causeries de Sainte-Beuve nous font connaître cette femme distinguée que tous ses contemporains ont appréciée. Elle aimait passionnément la musique, et, à la fin du Directoire et sous le Consulat, elle recevait dans les salons de son oncle, directeur de l'Académie française, tous les beaux esprits et tous les écrivains du temps.

« En cette même année (1794), lisons-nous dans les Mémoires de l'abbé Morellet, je fis venir de Lyon ma nièce, depuis mariée à M. Chéron, ancien membre de l'Assemblée législative. Fille de la plus jeune de mes sœurs, qui avait épousé un négociant suisse, elle montrait dès lors pour le clavecin un talent prodigieux; elle exécutait les plus difficiles sonates de Clémenti avec une netteté et une vigueur que je n'ai jamais vues qu'en elle et qu'elle a non seulement conservées, mais perfectionnées depuis par les leçons de Piccini, Viotti, etc. Je trouvai en elle tout ce que je pouvais y désirer, une âme sensible, un esprit naturel, droit, piquant, toujours animé et toujours agréable. Elle fut bientôt appréciée ce qu'elle valait par une société spirituelle, et M. de Saint-Lambert, Mme d'Houdetot, la société de Mme Helvetius, de Lavalette, etc., tous l'accueillirent et l'aimèrent, et contribuèrent dès lors à lui procurer les plaisirs et les distractions que son âge lui faisait rechercher. Ces amitiés, formées par elle dès son plus jeune âge, ne se sont jamais démenties, et je ne m'étonne pas qu'elle ait trouvé des amis fidèles [1]. »

Le récit de ces deux mariages nous a entraînés un peu loin; revenons maintenant sur nos pas, mais, avant de reprendre les notes de François, suivons quelque temps son frère aîné à l'Assemblée législative, dont il devint membre à la fin de l'année 1791.

Il était impossible, à cette époque, quelque goût que l'on eût pour une vie tranquille et modeste, de ne pas prendre part au mouvement social qui entraînait tous les esprits. Les deux frères se seraient crus coupables, non sans raison, s'ils étaient restés inactifs au moment où tous les

---

1. Mme Chéron avait condamné à l'oubli tout ce passage des souvenirs de son oncle : les éditeurs le publièrent à son insu.

intérêts religieux, moraux et matériels de la nation étaient menacés. Leur famille était fort estimée à Versailles et dans les campagnes voisines. Le souvenir de leur père demeurait vivant dans toutes les mémoires, et l'affection qu'on lui avait portée pendant sa vie se maintenait après sa mort sur ses deux fils et particulièrement sur le fils aîné. C'est pourquoi, dès la fin de l'année 1790, Louis-Claude fut élu, à l'unanimité, administrateur du département de Seine-et-Oise, et un peu plus tard, en 1791, député à la Législative. Il accepta ces deux fonctions, dans l'espoir d'empêcher le mal et de joindre sa voix à celles qui protestaient contre les violences révolutionnaires. Quant à François, il mit sa plume au service de la politique royale et devint un des plus actifs rédacteurs du *Journal de Paris* et de l'*Ami du roi*.

Tous les deux avaient les mêmes opinions, tous deux étaient dévoués à la monarchie traditionnelle. Il semble seulement qu'une nuance d'appréciation ait existé entre eux sur la conduite à tenir en face des événements. François détestait franchement le *parlementarisme :* suivant à la lettre ces traditions paternelles, qu'il avait notées avec tant de soin, et se rappelant que les troubles avaient immédiatement suivi l'essai du gouverne-

ment nouveau, il accusait le régime constitutionnel inauguré par la Constituante de tous les maux
qui pleuvaient sur la France, et il resta jusqu'à
sa mort partisan d'un pouvoir exécutif très fort,
contenu non par les votes des représentants du
peuple, mais par un ensemble d'institutions in-
termédiaires ou d'associations locales protégeant
l'individu contre l'État. Se trouvant infiniment
moins libre dans toutes ses actions depuis 1789
qu'il ne l'avait été et surtout que ne l'avait été
son père sous le régime royal, il croyait la liberté
incompatible avec les lois qui brisaient l'existence des associations, des corporations et des
franchises provinciales, et son unique pensée,
sitôt qu'il put tenir sa place dans un journal, fut
de travailler en vue d'une restauration que beaucoup de personnes jugeaient alors inévitable après
la crise passée. C'est en ce sens qu'il dirigea
sa polémique pendant l'année 1792, jusqu'au
10 août, époque à laquelle les journaux monar-
chistes furent supprimés et leurs rédacteurs proscrits.

Son mépris pour les parlementaires de gauche
ou de droite se traduisait quelquefois par des
boutades du genre de celle-ci, que nous trouvons
dans ses papiers :

LE WIGH ET LE TORY.

Entre le wigh et le tory
Qu'est-ce qui fait la différence !
Disait un jour un roi de France
A son ministre favori ?
— Sire, elle est simple, et la voici :
L'Anglais est wigh tant qu'il n'a pas de place ;
En obtient-il ? tout a changé de face,
Alors le wigh devient tory.

La politique de François était celle de la reine et des princes ; celle de Louis-Claude fut plutôt celle du roi, qui crut un instant, aux premiers jours de la législature, pouvoir être un roi constitutionnel gouvernant avec l'aide et l'appui d'une chambre fidèle et dévouée aux intérêts généraux. L'illusion était facile et douce à cet excellent prince, qui ne pouvait croire à la méchanceté des hommes et qui mourut victime de sa trop grande bonté.

Louis-Claude Chéron, qui jouissait d'une grande influence auprès de ses collègues de la droite et avait toute la confiance du roi, fut chargé, au commencement du mois d'octobre 1791 et de concert avec Quatremère et Vaublanc, ses amis, de se prêter à l'organisation, au sein de la Législative, d'un groupe royaliste, et de le discipliner en vue de tirer parti de la nouvelle Constitution. L'entreprise était difficile ; elle nous paraît folle aujourd'hui, et cependant elle sembla un instant réussir. Chéron s'inscrivit au club des Feuillants et il en fut nommé président au mois de décembre, puis il agit avec tant d'adresse qu'il réunit autour de lui deux cent soixante députés résolus à défendre la monarchie et l'ordre social menacés par la coalition des Jacobins et des Girondins. Les deux cent soixante députés représentaient une force dont un habile ministre eût pu tirer un grand profit ; mais il n'y avait plus qu'une ombre de ministère, et la politique royale s'usait en décisions contradictoires. La Législative n'était pas réunie depuis trois mois que déjà la situation était désespérée, les meurtres recommençaient dans la rue, le peuple s'armait, et les républicains gagnaient tous les jours du terrain.

La situation de Louis-Claude Chéron était donc dangereuse. Il jouait sa tête et le savait bien, car les députés royalistes étaient attaqués tous les jours, jusqu'au seuil de l'Assemblée. On jugera de son attitude par les deux traits qui vont suivre :

Le 29 novembre 1791, l'Assemblée, sous la pression populaire, vota un décret portant que tout prêtre qui ne prêterait pas le serment civique ne pourrait invoquer les libertés constitutionnelles, serait déclaré *suspect de révolte* et placé sous la surveillance arbitraire des autorités, qui auraient le droit de l'arrêter sur un simple ordre. Le directoire de Paris, composé de Feuillants, et plusieurs autres directoires des départements, demandèrent au roi d'opposer son *veto* à un pareil décret : on pensait avec raison que ces premières listes de suspects seraient bientôt suivies de beaucoup d'autres et deviendraient en peu de temps des listes de proscription. Cette protestation des directoires était un acte de courage auquel on n'était pas habitué. A cette nouvelle, il n'y eut qu'un cri chez les journaux jacobins et girondins; on déclara qu'il existait une conspiration contre la liberté, que l'acte du directoire était inconstitutionnel, et les sections de Paris envoyèrent à la Législative des pétitions plus violentes les unes que les autres.

Sous le coup de ces menaces, l'Assemblée décida que le procès-verbal de la séance serait envoyé aux quatre-vingt-trois départements. C'était maintenir et donner une force révolutionnaire au décret de proscription; mais, pendant la nuit, les Feuillants se réunirent, et la résistance fut organisée. Chéron se chargea de la première attaque; ses collègues devaient le soutenir. Ce premier effort eut un complet succès et montre ce qu'on aurait pu obtenir si la division et la peur n'eussent paralysé les royalistes. Dès que le secrétaire de l'Assemblée, M. Grangeneuve, eut fait lecture du procès verbal, L. Chéron demanda la parole. Le secrétaire disait qu'un grand nombre de citoyens des sections de Paris avaient réclamé contre la pétition du directoire. Chéron observa que l'expression n'était pas exacte, que le procès-verbal était de ce chef irrégulier, et il demanda qu'on notât le nombre précis des pétitionnaires. Apercevant la manœuvre, les Jacobins poussèrent des cris de fureur :

« Cette motion, dit le *Patriote français* du 13 décembre, excita un violent tumulte. Une coalition, s'écria M. Lacroix, espérerait-elle aujourd'hui un succès qu'elle n'a pas obtenu hier? La conscience de M. Chéron, l'un des chefs de cette petite coalition, lui a fait sur-le-champ à lui-même l'application de ces paroles, et il a demandé vainement que M. Lacroix fût rappelé à l'ordre... Les ministériels ont lutté avec une telle obstination que trois épreuves n'ont pas donné de résultat et n'ont servi qu'à augmenter l'agitation.

« Elle était à son comble. Convaincu qu'il était impossible de discuter et de délibérer au milieu du tumulte, M. Lasource demandait qu'on ajournât la motion de M. Chéron.

« Le désordre qui régnait dans l'Assemblée avait gagné les tribunes. Mais ce n'était pas au procès-verbal qu'en voulait réellement la coalition, et elle crut qu'il était temps de lever le masque. Un membre avoua bonnement qu'il s'agissait de rapporter le décret rendu la veille : cette proposition indigna les patriotes... elle fut cependant adoptée! »

On voit avec quelle timidité agissaient les royalistes : leur succès encouragea la cour, et le roi fit connaître son veto; à partir de ce moment, le club des Feuillants fut regardé par les Jacobins comme le centre de la seule opposition redoutable qu'ils eussent à craindre dans l'Assemblée. Le nombre de ses membres augmentait chaque jour, et bientôt son bureau jugea à propos d'avoir des tribunes, comme la Législative elle-même, et de les ouvrir au public.

Cette résolution fut une faute grave, qui devait entraîner la chute définitive des Feuillants et la dispersion du groupe royaliste; mais elle donna à Chéron une nouvelle occasion de montrer son énergie.

Sitôt qu'ils eurent appris que le club des Feuillants ouvrait ses tribunes au public, les Jacobins s'empressèrent d'y envoyer leurs agents, chargés de troubler les discussions et d'exciter le désordre. Le président écrivit au maire, le 21 décembre, pour requérir la présence d'un commissaire civil; mais Pétion répondit qu'il avait à peine assez d'agents pour le service des théâtres. Chéron insista et écrivit de nouveau. Les scènes de tumulte se reproduisaient chaque soir. Il faut lire la seconde lettre de Pétion pour se rendre compte de la duplicité du maire de Paris.

« J'ai appris, écrit-il à Louis-Claude Chéron, que beaucoup de membres de la société que vous présidez doivent se rendre armés au lieu des séances... Je frémis d'y penser! Il paraît qu'à la dernière séance le tumulte a commencé par la provocation d'un lieutenant de canonniers qui de l'intérieur de la salle a nargué le public!... En grâce, qu'on évite jusqu'au moindre prétexte d'agitation. Je vais vous parler en toute franchise : il est parmi vous un grand nombre d'amis de l'ordre et de la Constitution; il en est aussi, je puis me tromper, mais je le pense, qui sont ennemis de cette Constitution, qui ne veulent que du bruit, pour avoir occasion de se plaindre, qui ne désirent que du scandale, de l'éclat, pour paraître persécutés. »

Chéron envoya immédiatement à l'hôtel de ville la lettre suivante, qui intimida Pétion : « Je puis répondre, monsieur, du patriotisme de mes collègues ; mais je ne répondrais pas que, si la loi se montrait encore une fois insuffisante à protéger notre liberté constitutionnelle, il n'arrivât quelque malheur ; s'il ne s'agissait que de moi, je m'immolerais à la Constitution : *oportet unum mori pro populo!* Mais ici j'exposerais mes collègues, j'exposerais mes concitoyens. Je prends donc sur moi de vous prier de donner des ordres pour que personne ne soit admis à la société qu'en justifiant de sa carte de député ou de celle d'affilié, et pour qu'aucun attroupement ne puisse obstruer l'entrée de la salle... C'est sous la protection de la loi que je remets, monsieur, la liberté de mes collègues et la mienne. »

Les mesures d'ordre qui furent alors prises pour protéger les séances du club donnèrent lieu à une séance orageuse de l'Assemblée législative. Le député Lacroix y dénonça de nouveau

M. Chéron, aux applaudissements des tribunes ;
on fit appeler à la barre les officiers de garde, et
la majorité, intimidée, décida qu'aucune société
ne pourrait plus se réunir dans l'enceinte des
bâtiments des ci-devant Feuillants et Capucins.
Ce fut l'arrêt de mort du club constitutionnel.
Ce grave échec découragea la cour, qui ne songea
plus à s'appuyer sur le côté droit et entama des
négociations avec les Girondins. Voyant que sa
mission n'avait plus d'objet, Louis-Claude donna
sa démission de président des Feuillants et
n'éleva plus la voix que pour protester contre
toutes les violences [1].

Pendant ce temps, François Chéron soutenait
énergiquement son frère au *Journal de Paris*, et
ses articles, tantôt moqueurs, tantôt sévères, toujours justes et pleins de bon sens, lui faisaient
peu à peu une réputation d'excellent publiciste.
Nous en détacherons quelques-uns du dossier
spécial à la polémique de 1792, joints à des
notes d'un haut intérêt, qui feront voir quels
étaient le mouvement et l'agitation des esprits à
cette terrible époque.

1. Voyez *Moniteur*, 1791, nᵒˢ 340, 347, 351-355 ; 1792,
nᵒˢ 9, 61, 121, 170. Voir également *Notice sur la mort
de L.-C. Chéron, Moniteur* de 1807, p. 1142.

Voici, par exemple, une lettre du 4 juin 1792, adressée à son ami, André Chénier, dans laquelle il se moque spirituellement des prétentions jacobines :

« 4 juin 1792.

« Je viens, monsieur, de lire votre lettre du 30 mai. Je ne puis m'empêcher de convenir de la vérité des faits et de la justesse des principes qui y sont contenus; mais il y a bien aussi quelques petites erreurs que vous me permettrez de relever. La chaleur et la force de votre style sont bien faits pour persuader, mais ils sont insuffisants pour convaincre. Vous croyez, par exemple, que la France doit se glorifier d'avoir vu naître *L'Hôpital, Bayle et Montesquieu !* Une pareille opinion scandalise bien des gens, et c'est à juste titre !

« Ce L'Hopital était un garde des sceaux, homme de bien, si vous voulez, mais trop humain, trop sensible, je dirais presque trop honnête pour un *homme d'État;* d'ailleurs ennemi des factions, partisan de l'autorité royale, aristocrate enfin, et je vous citerais maint trait de son histoire qui l'auraient conduit tout droit..... aux carrières !

« Bayle, me direz-vous, était bon logicien. Et moi je vous dis que Bayle était un controversiste qui a épousé des querelles de religion; traité, assez bien à la vérité, quelques sujets moraux, mais jamais pénétré à fond les grands, les sublimes principes de la liberté... comme on l'entend.

« Quant à Montesquieu, je ne puis vous pardonner une école pareille. Vous n'auriez pas dû ignorer que depuis longtemps ce Montesquieu est démasqué. Quelques bonnes gens avaient cru qu'il avait jeté de grandes lumières sur la nature des gouvernements; qu'il avait étudié leurs ressorts, combiné les forces actives qui en accroissent la puissance et en perpétuent la durée. Mais il est bien reconnu à présent que l'*Esprit des lois* est un opuscule qui ne présente qu'un ramas de faits et de citations qui ne prouvent rien, un répertoire d'âneries! Quelques vieilles trivialités politiques s'y perdent dans une nuée de paradoxes. N'a-t-il pas osé dire et tenté de prouver que la monarchie limitée était le meilleur des gouvernements? Quel blasphème! Il est donc clair, monsieur, que Montesquieu est atteint, comme tant d'autres, de la rouille aristocratique, et qu'il ne s'était jamais douté de la liberté. Tel est l'homme que vous osez prôner!

« C'est comme si vous eussiez voulu louer Mably, cet autre coryphée de l'aristocratie, que les sages du siècle ont banni avec ses pareils du pays de la liberté. Il a fait, il est vrai, un ouvrage sur les droits et les devoirs des citoyens; ouvrage qui a joui d'une estime éphémère; mais on en a bientôt reconnu le danger. Quoi! insulter la majesté du peuple en lui parlant de ses devoirs! et puis, qu'est-ce que cette insolente épigraphe d'un autre de ses ouvrages : *Quid leges sine moribus?* Mably, monsieur, est couvert d'opprobre, et Mably n'a que ce qu'il mérite.

« Il en est de même de Voltaire, il en est de même de Raynal, il en est de même de Mirabeau. Tous ces petits génies sont actuellement à leur place.

« Rousseau est le seul à qui l'on ait donné un brevet *jacobite*, je ne sais pourquoi, car il est facile de prouver, et je prouverai que cet homme est vraiment myope en fait de liberté.

« En redressant vos torts, je m'aperçois, monsieur, que je vais au delà de ce que je me proposais. Ce vous sera toujours un bon avertissement de ne pas désormais prostituer vos louanges à cette foule d'hommes proscrits dont j'ai pourtant hasardé de citer les noms.

« Préconisez la profonde, longue et érudite diplomatie du *Patriote français;* portez aux nues l'académique aridité de l'*Aide-major de la chronique*, élevez-vous à la hauteur de la *grande députation* et vantez-nous la foudroyante éloquence de l'un, les improvisations *merveilleuses* de l'autre, la bonacité hypocrite de celui-ci, les phrases bouffies d'épithètes et brillantes de néologie qui composent le précoce talent de celui-là ; puis extasiez-vous devant le zèle ardent et patriotique de ce comité si intègre, si pur, si digne en un mot d'être *dictatorisé!* Voilà le moyen de plaire à tout le monde.... c'est-à-dire à fort peu de personnes, comme le dit très bien Rousseau ! »

Voici une autre lettre, d'un ton plus enflammé, et que nous reproduisons, malgré son style pompeux, parce qu'elle nous permet d'apprécier l'énergie de l'écrivain. Elle est adressée aux *Auteurs du « Journal de Paris »*, le 28 avril 1792 :

« Voulez-vous bien, messieurs, inscrire mon nom à la suite de ceux des *pensionnaires de la liste civile*, car c'est ainsi, je crois, que l'on nomme les citoyens courageux qui, bravant les proscriptions, osent démasquer les traîtres qui méditent et préparent chaque jour la ruine de leur patrie.

« Moi aussi, je veux avoir la gloire de dessiller les yeux de tous les bons citoyens sur les actes insolents et arbitraires du pouvoir *occulte* et *tyrannique* sous lequel nous gémissons...

« J'ouvre la Constitution, je la lis entière, et j'y cherche ce que ces hommes pervers appellent leur droit; je me demande s'il est bien possible que l'existence d'une telle association puisse s'accorder avec l'esprit de la Constitution, qui ordonne le châtiment de quiconque aurait provoqué à dessein la désobéissance à la loi et l'avilissement des pouvoirs constitués. Je passe à la lettre de cette même Constitution, et je lis : « *La Constitution garantit aux citoyens la liberté de s'assembler paisiblement et sans armes.* » Remarquons bien ces mots : paisiblement et sans armes! Je ne m'informe point s'ils satisfont à cette dernière obligation; sa violation nous donnerait du moins l'espérance de les voir s'entre-détruire, et nous, nous n'aurions qu'à laisser à leurs fougueuses passions le soin de nous délivrer de leur joug; je m'arrête à *paisiblement.*

« Est-ce donc s'assembler paisiblement que d'injurier toutes les puissances qui n'accèdent point à leur délirante manie, et de violer ainsi le droit des gens, lien sacré des nations?

« Est-ce s'assembler paisiblement que d'agiter le peuple en tous les sens, lui crier ses droits et sa puissance en l'égarant de la route de ses devoirs, qualifier d'*oppression* l'autorité de la loi, lui prêcher la résistance comme un droit sacré, enfin de tenir le peuple dans un état continuel d'insurrection incompatible avec toute constitution, toute liberté et tout bonheur?

« Est-ce s'assembler paisiblement que de s'efforcer de flétrir par des dénonciations aussi peu motivées qu'impolitiques des hommes qui n'ont jamais eu d'autre tort que de ne point fléchir le genou devant le bonnet de Gessler, que quelques décemvirs osent appeler le bonnet de la liberté?

« Je vous le demande, citoyens, amis de l'ordre et de la paix, vrais hommes libres, je vous le demande, la Constitution n'est-elle pas violée effrontément par ces excès sacrilèges? Et vous le souffrez, juges, administrateurs municipaux, vous tous élus pour faire exécuter nos lois; vous êtes coupables, je vous somme de remplir votre devoir! Eh quoi! qu'est donc devenue votre tendre sollicitude pour la tranquillité publique? La représentation d'un opéra inquiétait vos âmes

sensibles, et vous n'avez pas craint de livrer tout
Paris au feu de la guerre civile, en insultant les
citoyens par le spectacle du triomphe des meurtriers de leurs frères! Faibles magistrats! vous
avez souillé le ministère dont vous êtes in-
vestis.

« J'ai fait mon devoir! maintenant, calomnia-
teurs à gages, libellistes, et vous, colporteurs
d'injures, de dénonciations et d'ordures popula-
cières, je me livre à vos coups; distillez vos poi-
sons, dirigez contre moi vos poignards, je les
brave et les braverai toujours. Tant qu'un souffle
de vie m'animera, je ferai sentir aux factieux
mon existence, et je ne bornerai point à de stériles vœux la délivrance de ma patrie! »

On ne peut s'empêcher d'applaudir à ce langage un peu jeune et naïf, mais plein de courage.
Les Jacobins s'inquiétaient peu des accents émus
de leurs adversaires : ils agissaient, pendant que
les défenseurs de l'ordre social parlaient et écrivaient. C'est ce qui exaspérait François Chéron.
Il ne cessait de dénoncer les menées répu-
blicaines, et ses conseils étaient pleins de bon
sens : ils trouveraient encore leur application de
nos jours.

« Vous dites, s'écriait-il, que les *sociétés po-*

pulaires conservent l'esprit public! dites plutôt qu'elles le corrompent!

« Sans rappeler ici les preuves que j'en ai données dans ma précédente lettre, que dirai-je de cette *subordination raisonnée*, conception absurde et barbare d'un de leurs coryphées? Si nos pouvoirs constitués se traînent lentement et sans force, si le désordre règne dans l'intérieur de la France, c'est l'effet de cette maxime sophistique; mais combien ses conséquences ne seront-elles pas plus funestes dans les camps où réside désormais le salut de la patrie!

« Que dirai-je de ces provocations réitérées de changement de la dynastie, provocations entendues d'abord avec un silence trop approbateur, puis rejetées avec une indignation convenue?

« Que dirai-je, surtout, de l'acharnement atroce avec lequel on excite une partie du peuple contre l'autre, en présentant l'exécution d'une loi comme un massacre, et les citoyens comme des bourreaux? »

Et il signait : « FRANÇOIS CHÉRON, *citoyen actif de la section des Champs-Élysées,* » en ajoutant à sa lettre l'observation suivante :

« P.-S. — C'est ainsi que je signerai désormais, non pas de crainte d'être confondu avec

L.-C. Chéron, mon frère et mon ami, député à l'Assemblée nationale. Cette erreur ne pourrait que me flatter, mais je dois compte à mes concitoyens des fautes que je pourrais commettre, et je serais fâché que mon frère portât le blâme qui me serait adressé. »

Sitôt qu'il vit le trône menacé, il s'élança à sa défense et multiplia ses articles contre les Jacobins. Mais la Révolution suivait sa marche ascendante, et rien ne pouvait plus l'arrêter. La journée du 20 juin vit le peuple envahir l'Assemblée législative d'abord, puis le palais des Tuileries, et réduire à néant le simulacre de royauté que les Girondins et les Jacobins avaient jusque-là maintenu sur la tête de Louis XVI. Les hommes clairvoyants surent dès lors à quoi s'en tenir. sur le sort de la monarchie et n'attendirent pas jusqu'au 10 août pour en prédire la chute. François Chéron pensait ainsi. Son indignation s'exhale à loisir dans une lettre que nous retrouvons dans ses papiers. Elle est écrite à M. Condorcet, quelques jours après la catastrophe; nous en reproduisons quelques passages de haute portée :

« La rédaction de votre journal du 22 juin, monsieur, m'a indigné sans me surprendre, et

je cède au besoin de mon cœur en exprimant les
sentiments qu'elle m'a fait éprouver.

« Assez d'autres retraceront les horribles attentats du 20 juin, les dénonceront à la loi, en sol-
liciteront la punition. Les détails m'en sont peu
connus. Paralysé, ainsi que trente mille de mes
camarades, par un ordre que nous devions respecter, il nous a fallu rester immobiles à la vue
d'une révolte. Fixés à notre poste, nous frémis-
sions d'indignation, mais nous avons dû obéir,
nous avons obéi, et nous laissons aux ministres
de la loi le soin de notre justification et de notre
vengeance.

« Ce que je sais, ce que vous savez, monsieur,
ce que vous auriez pu affirmer ainsi que moi,
c'est que, sans égard pour un arrêté du département proclamé la veille, il a été fait un nombreux
rassemblement d'hommes armés sans réquisi-
tion légale ; c'est que, violant tous les droits de
l'homme, l'autorité de la loi, le respect dû au
chef de la nation, une multitude égarée par quelques malveillants a forcé les appartements du
Roi et de la Reine ; c'est que leurs personnes ont
été outragées ; c'est que l'on a voulu arracher au
Roi, par la violence, une sanction dont la Constitution le rend le seul arbitre ; c'est que pendant

six heures de suite le palais du Roi, rempli d'une foule immense qui garnissait les appartements, les balcons, les terrasses et les combles, présentait l'image d'un palais pris d'assaut ; c'est enfin que la force publique n'a pu garantir le Roi de tous ces attentats, parce que la loi, c'est-à-dire l'ordre de la municipalité, la retenait captive.

« Voilà ce que deux cent mille personnes peuvent attester : telle est la vérité, dénuée de tous les détails et de tous les accessoires qui seront connus. Voyons comment vous avez su les présenter :

«... Il ne s'est commis aucun désordre dans le « château, car une ou deux portes fermées, quel-« ques vitres cassées, ne peuvent être comptées, « lorsque vingt ou trente mille hommes pénètrent « à la fois dans une habitation dont *ils ne con-« naissent pas les issues.* »

« Les procès-verbaux qui ont été dressés prouveront jusqu'à quel point vous êtes véridique, et je n'entreprendrai point une dénégation avec autant de légèreté que vous présentez votre assertion ; mais ce qui me frappe le plus dans cette partie de votre récit, c'est le calme, c'est l'impassibilité avec lesquels vous rendez compte du crime. Que vous êtes heureux, monsieur ! l'idée des forfaits

n'importune point votre cœur, tout cela vous paraît simple et naturel!.. J'arrive à la fin de votre
récit :

« Au reste, dans l'effet que cet événement a
« produit sur certaines têtes, on a pu voir avec·
« douleur combien peu de gens encore, dans la
« classe de ceux qui prétendent à la raison, ont
« pu se persuader qu'un roi *n'est qu'un homme*,
« et combien de gens, parmi ceux qui se disent
« partisans de l'égalité constitutionnelle, étaient
« étonnés d'entendre des citoyens mal vêtus oser
« parler à un roi, avec une *énergique franchise*,
« de ses devoirs et de leurs inquiétudes. »

« C'est parce que je prétends à la raison que je
tâcherai, monsieur, de démontrer la fausseté et le
danger de vos principes. En vain vous cherchez à
égarer le peuple par vos systèmes de liberté sans
bornes et d'égalité sociale, ils paraîtront toujours
à la saine majorité des citoyens aussi absurdes
que destructifs. La Déclaration des droits, que je
suis forcé de respecter tant qu'elle existera, quoiqu'elle me paraisse défectueuse, trop pleine
d'abstractions arides, et beaucoup trop vide de
ces principes de morale qui touchent le cœur de
l'homme et l'entraînent à ses devoirs par le sentiment, la Déclaration elle-même reconnaît qu'il

peut exister des distinctions sociales : la Constitution les établit; dès lors, l'égalité abstraite est une chimère, et nous devons à ceux que la loi investit de ces distinctions obéissance et respect.

« Le roi *est un homme*, cela est vrai, et comme homme et comme citoyen ses droits et ses propriétés n'ont pas été respectés. Mais vous dites que le roi *n'est qu'un homme;* cela est faux, relativement à la société. Le roi est le représentant héréditaire du peuple, et cette hérédité le met, même en naissant, sur une autre ligne que celle des autres citoyens. Le roi est dépositaire d'un des grands pouvoirs maintenus par la Constitution; il est le corps visible et actif de l'État. Tous les attributs que le nouveau pacte a donnés au roi sont la propriété, le domaine et la garantie de la nation; c'est pour établir une exacte pondération, c'est pour le bonheur de la nation que cette division a été marquée, et non pour l'avantage d'un homme, comme cherchent à l'insinuer les ennemis de la Constitution.

« Ainsi, monsieur, le roi est homme et citoyen, et comme tel il doit prétendre à la jouissance des droits qui appartiennent à tous les citoyens; le chef de la nation, le conservateur d'un des pouvoirs protecteurs de la liberté du peuple, et

comme tel il n'est plus un simple individu ; il
représente le corps social ; il appartient à tous
les citoyens ; et ceux qui l'outragent et l'injurient outragent et injurient la société entière.

« Tels sont les principes qu'un vrai citoyen ne
désavouera jamais ; et, quoique je n'aie pas eu le
temps de les exposer avec plus d'ordre et de
développement, je crois qu'il est facile de les
sentir.

« Et vous, monsieur, qui prêchez des maximes
contraires, dussiez-vous les étayer de toutes les
subtilités de votre sèche dialectique, je dirai à la
face de tous mes concitoyens ce que Caton et Ci-
céron disaient de César dans le sénat romain,
sans toutefois vouloir présenter un parallèle
choquant qui outragerait les mânes de ces grands
hommes : M. Condorcet parle en mauvais citoyen et avance une doctrine pernicieuse à
l'Etat, puisqu'elle tend à détruire le respect et
l'obéissance que nous devons au chef de la nation.

« Je sais qu'en professant les principes que j'ai
exposés on court le très grand risque d'être appelé l'ennemi du peuple et de lui être désigné
pour victime ; mais je n'ai jamais mendié la faveur
des puissants. J'attends mon sort sans frayeur.

6

« D'après ces explications, monsieur, je ne crains
pas d'avouer que je suis un de ceux qui ont été
étonnés d'entendre des citoyens mal vêtus parler
au roi avec ce que vous appelez une *énergique
franchise* et ce que j'appelle une audace scan-
daleuse et une irrévérence coupable. Ce n'est point
parce qu'ils étaient mal vêtus; j'ai toujours res-
pecté le pauvre; il a souvent plus de vertus que
le riche : mais c'est parce qu'ils ont violé les droits
de l'homme, les propriétés, toutes les lois sociales,
et outragé la société entière dans la personne de
son représentant inviolable. »

Quelques jours après avoir écrit cette dernière
protestation en faveur de la royauté expirante,
François Chéron assistait à la fatale journée du
10 août. Pendant trois jours entiers, il resta au
château des Tuileries et prit part à tous les conseils secrets qui furent tenus entre les derniers
amis de la famille royale. Triste devoir, dont
l'accomplissement fut pour son cœur une suprême consolation. Rien ne pouvait plus sauver
Louis XVI : il n'y avait qu'à mourir pour lui.
Chéron y était bien résolu, et il tenait à être à
son poste. On sait comment un ordre du roi vint
à la dernière heure entraver ces généreux dévoue-
ments. Pendant que Louis XVI et son auguste

famille allaient demander asile à l'Assemblée législative, les Suisses furent massacrés et les Français demeurés aux Tuileries furent mis en état d'arrestation. François fut du nombre, mais cette fois on se contenta de le proscrire, et il chercha une retraite provisoire dans les environs de Fontainebleau.

C'est à ce moment que nous reprenons les récits qu'il nous a laissés sur la période révolutionnaire, la Terreur et le Directoire.

CHAPITRE IV

Louis XVI était au Temple : son procès s'instruisait. Les royalistes désespérés s'enfuyaient et se cachaient pour échapper aux assassins; la société s'écroulait définitivement sous les assauts de la Révolution. La Terreur était commencée, et l'échafaud allait se dresser en permanence ; mais la fidélité à la monarchie et à son infortuné représentant survivait à toutes les catastrophes. Le récit qui va suivre en offre une preuve frappante :

« C'était le jour des Rois 1793, pendant le procès de l'infortuné Louis XVI. Mme Filleul, qui logeait au château de la Muette, dont son mari avait été concierge, y rassemblait souvent une société choisie, toute royaliste on le pense bien.

C'est là que nous fêtâmes le jour des Rois, mysté-
rieusement, comme les premiers chrétiens dans
les catacombes. Un des convives — ce fut, je crois,
M. de Trudaine — fit faire chez lui le gâteau et
l'apporta dans un large portefeuille. On le tira
dans une pièce retirée du château, hors de la vue
des domestiques. Le dîner fut triste et silencieux.
On convint de signes pour porter au dessert des
toasts aux augustes prisonniers. Tout cela se fit
sans bruit, et pour éloigner toute idée de conspiration on imagina de remplir des bouts-rimés.
Chacun donna son mot. Nous étions quatorze.
Ce passe-temps nous occupa toute la soirée ;
quoique les miens aient obtenu le prix, je suis
loin d'attacher de l'importance à ce faible
triomphe. Je ne les ai conservés que comme
pièce de circonstance qui me rappelle de funestes
souvenirs. Mon frère et moi avons seuls survécu
aux douze autres convives, y compris l'aimable
et intéressante Mme Filleul. Tous ont péri, victimes de la Terreur.

BOUTS-RIMÉS

AN Ier DE LA RÉPUBLIQUE.

Dans le bon temps, des rois on tirait le *gâteau*.
On mangeait diablotins et crème à la *pistache*,
A la santé du roi l'on vidait maint *tonneau*.

6.

La tête à bonnet rouge autrefois à *Ganache*,
En criant : *Le roi boit !* piquait un dur *dindon*.
Après avoir humé force douzaines d'*huîtres*,
Le bouchon de champagne allait casser les *vitres*.
Français, de vos plaisirs quel funeste *abandon !*
Un mauvais pain succède à la tendre *brioche*,
Au lieu d'un bon carrosse, hélas ! pas même un *coche !*
Ah ! reviens aux Bouffons, charmant *Viganoni !*
Reviens ; nous entendrons les chants de *Piccini !*
J'y cours, bien renfermé dans ma berline à *glaces*,
Et du côté du *roi* je retiendrai des *places !*

Quelques semaines plus tard, nous retrouvons François Chéron à Saint-Cloud, où il adresse de tristes strophes à Mme de R***.

« C'est à la même époque, dit-il, que j'adressai les vers suivants à Mme de R..., avec laquelle je me trouvais en exil après le 10 août, et qui vivait alors retirée à la campagne. Mme de R..., s'étant remariée, est devenue et est encore une haute et puissante dame. Elle est femme d'une excellence, royaliste à l'époque de son mariage, puis buonapartiste, puis libéral, puis... je ne sais plus ce qu'il est. Il a beaucoup de talent, mais plus encore d'orgueil et d'arrogance. Les opinions nous ont divisés. Le brillant essor qu'il a pris a encore élargi la distance d'un homme comme lui à un chétif tel que moi. Bref, depuis plus de vingt ans, nous ne nous voyons plus.

« Cette excellence n'est pas la seule avec laquelle

je n'aie pas eu l'adresse de conserver le ton, les
formes, la mesure qu'imposaient leurs nouvelles
positions. Il fallait, pour cela, une flexibilité de
caractère dont je n'ai pas été doué. Ce sont de ces
fatalités attachées à mon étoile. Toutefois, à
présent que je réfléchis avec calme sur le passé,
je persiste encore à croire que l'adulation et
l'humilité ne m'auraient pas mieux réussi que la
franchise et la dignité de caractère. J'aurai plus
d'une occasion de développer ces réflexions. La
Bruyère dit que si l'on n'est pas né courtisan, on
ne le devient pas aisément. « C'est une leçon
inutile, ajoute-t-il, que de dire : Soyez effronté, et
vous réussirez. Une mauvaise imitation ferait
échouer et ne profiterait pas. Il ne faut rien de
moins dans les cours qu'une vraie et naïve impudence pour réussir. » Or je n'ai jamais eu cette
qualité que la fortune requiert de ses favoris....

« Ces strophes ont été chantées en présence de
vingt personnes, la plupart distinguées par leur
goût autant que par leurs lumières et leur jugement. Elles furent, je dois le dire, plusieurs fois
interrompues par des acclamations unanimes.
Fumée que tout cela! je suis bien certain que les
vers n'ont pas été oubliés : ils offrent des traits
que l'on n'oublie point; mais le chantre l'a été

complètement. C'est que la reconnaissance est un lourd fardeau qu'on est impatient de secouer lorsqu'on s'élève. »

A cet endroit le récit est interrompu. On le comprend sans peine. A la fin de l'année 1793, les deux frères Chéron, déjà proscrits depuis le 10 août, dénoncés comme suspects et convaincus de *royalisme*, furent découverts, jetés en prison et condamnés à mort. Ils y restèrent onze mois, s'attendant tous les jours à périr. Le 9 thermidor les délivra. A la chute de Robespierre, les prisons furent ouvertes, et François Chéron put rejoindre sa femme. Toutefois, par prudence, il dut encore vivre quelque temps dans la retraite, uniquement occupé du soin de recueillir les débris de la fortune paternelle. Je reproduirai fidèlement les récits qu'il nous a laissés sur cette triste époque de sa vie au commencement du directoire. Bien qu'ils aient un caractère plus intime que le reste, ils me semblent de nature à jeter quelque lumière sur la société révolutionnaire : ils peignent le découragement qui avait saisi tous les esprits à la suite de la Terreur, le soin qu'on prenait de cacher sa vie, de vivre dans l'ombre et d'échapper aux assassins.

« ... La Révolution avec toutes ses horreurs,

onze mois de prison, près de deux années de proscription et d'exil, les soins et les soucis de tous les moments pour la subsistance et la sécurité de ma famille, voilà ce qui, pendant l'espace de plus de quatre années, absorba toute mon existence. Elle fut plus tranquille, je dirais presque qu'elle fut heureuse durant les trois ou quatre années suivantes, si nous n'avions pas été obligés de lutter sans cesse contre les rigueurs de la fortune.

« Tous les biens de mon père et de ma mère avaient été vendus en assignats, et le prix en avait été payé lors de leur dépréciation presque complète. J'avais à payer en *argent* toutes les dettes et charges des successions paternelle et maternelle. C'est au milieu de toutes ces tribulations qu'il fallait vivre et faire subsister honorablement sa famille.

« Il ne fallait rien moins que des miracles d'économie, secondés par la force d'âme et la dignité du caractère dé ma digne et vertueuse compagne. Nous étions pauvres, pauvres à la lettre, et notre maison ne cessa jamais d'avoir les apparences, sinon de la richesse, du moins d'une noble aisance. Nous étions pauvres, mais nous nous aimions de tout notre cœur. Nous chérissions, nous adorions nos enfants, nous faisions toujours d'accord, et toujours avec joie, tous les sacrifices qui ne touchaient que nous. C'est avec délices que nous jouissions du secret des privations qui nous étaient imposées.

« Au règne affreux de la Terreur avait succédé un état plus calme. Les fureurs de la Révolution n'étaient pas éteintes, mais assoupies. J'avais deux fils; ma fille aînée venait de naître. Nous existions difficilement avec les débris de notre fortune, dont une grande partie était grevée de charges bien pesantes. Il nous fallut prendre un parti. Ce fut le sujet de fréquentes délibérations entre ma femme et moi. Doux et charmants entretiens, exempts d'amertume et de regrets, constamment animés par notre amour mutuel, par notre tendresse pour nos enfants, et fortifiés par le courage et surtout par l'espérance !

« Dans ces conjonctures, un ami que nous avions à Tours, propriétaire d'un beau domaine dans ce riche pays, nous parla d'une propriété qui était à vendre à deux lieues de cette ville. Maison d'habitation avec toutes les dépendances nécessaires, vingt arpents d'enclos et dix de prés et vignes, telle était la consistance de l'acquisition à faire et dont on demandait 3o,ooo francs. Nous gardâmes le silence; mais nos yeux se rencontrèrent, et nous étions d'accord avant de nous parler. Dès que nous fûmes seuls, quelle joie, quelle vive expression de bonheur éclatèrent dans notre petit réduit : « Mon ami, me dit ma femme, me voilà fixée. Il ne faut point balancer; achetons la Coudraye (c'était le nom de ce petit domaine). Comme nous y serons heureux ! Comme nos enfants s'y élèveront bien ! Tu le sais, moi, j'étais faite pour être fermière; toi, tu aimes la campagne; nous aurons des vaches, des poulets... Tu verras comme nous serons riches ! » Nous fîmes tous nos calculs, toutes nos évaluations, en cavant toujours au plus bas, selon les préceptes de la sagesse. Il en résulta que, toutes charges déduites, nous pouvions, en vendant et liquidant tout ce qui nous restait, réaliser 80,000 francs, qui devaient s'accroître de plus de 30,000 après l'extinction des rentes viagères dont nous étions grevés. Ce n'était pas un riche avoir; mais nous n'avions pas d'ambition, et nous savions ce que valent l'ordre et l'économie. Nous avions d'ailleurs un mobilier sinon très élégant, du moins très bien fourni et ce qu'on appelle vulgairement *cossu*. Nos armoires surtout regorgeaient de linge et de vêtements. Enfin il ne nous manquait rien, et nous pouvions rester très longtemps sans nous occuper de renouvèler et entretenir les objets du ménage.

« Une fois cet examen fait et bien médité, le parti fut pris, non pas encore d'acquérir, mais d'aller visiter la propriété, objet de nos vœux. Je ne tardai pas à me mettre en route pour la Coudraye.

« C'était par un beau mois d'automne. La route me parut charmante. La Touraine s'offrit à mes regards dans toute sa magnificence. Je ne fis qu'une station à Tours, où je couchai, et dès le lendemain matin j'étais à la Coudraye, distante de deux petites lieues de la ville. Le chemin offrait, sans interruption, l'un des plus jolis bocages que l'on puisse voir. Je fus frappé de la multitude d'habitations agréables qui bordaient la route, et je ne m'attendais pas à en posséder une pareille. J'étais bien prévenu que le modeste domaine que j'allais visiter ne présentait pas un aspect aussi séduisant. Je ne songeais qu'à l'utile, et je fus bientôt convaincu que, sous ce rapport, il était fort au-dessus de l'idée qu'on m'en avait donnée.

« La Coudraye est située dans un terrain fertile entre la Loire et le Cher. L'habitation consistait en un petit castel à mi-côte, très solidement bâti en pierres de taille. Les jardins, potagers, vergers, espaliers étaient en plein rapport, et je fus agréablement surpris de trouver dans les vingt arpents enclos un bois de quatre arpents. Ce petit domaine produisait du blé, du vin, des céréales de toutes sortes, d'excellent foin, un peu de bois et une grande abondance de fruits et de légumes.

« Ayant recueilli tous les renseignements dont j'avais besoin, je quittai la Coudraye. Ma femme fut enchantée du compte que je lui rendis ; mon absence n'avait point affaibli sa résolution. Elle me pressa de terminer. Dès le lendemain, j'entrai en pourparlers ; je me débattis beaucoup sur le prix, à cause des réparations dont je fis sentir l'importance, en l'exagérant beaucoup selon l'usage des acquéreurs. Enfin le contrat fut passé peu de jours après, moyennant la somme de 24,000 francs.

« Nous voilà donc possesseurs du domaine de la Coudraye ! C'est une chose faite, consommée. Une opération, fruit de longues et sages délibérations, commencée et terminée dans le plus grand mystère, semblait ne devoir plus rencontrer d'obstacles dans son accomplissement. Nous avions tout prévu, nous avions réponse à toutes les objections. En admettant que notre acquisition nous eût coûté 3o,ooo francs, en outrepassant de beaucoup le devis des réparations, il nous restait encore 5o,ooo francs à faire valoir. L'intérêt de l'argent était alors à 2 et 3 pour 100 par mois; mais, sans courir aucune chance, nous pouvions retirer au moins 6 pour cent de notre petit capital, et que de ressources ne nous auraient pas fournis cent louis de rente en vivant sur notre domaine! Un grand accroissement d'aisance nous serait encore arrivé par l'extinction successive des rentes viagères que nous avions à payer. Nous devions donc être parfaitement rassurés, tant pour le présent que pour l'avenir. Et si l'on considère qu'il régnait alors une fièvre générale de spéculations de tout genre, que l'on agiotait sur les biens de l'Église et des émigrés, sur les effets publics, sur les marchandises; que l'usure et le prêt sur gages étaient exercés par toutes les classes de la société sans exception; que l'on ne rougissait de rien; enfin, que le sens moral semblait être paralysé dans tous les cœurs, ne suis-je pas en droit de me glorifier un peu d'une résolution qui attestait la simplicité de nos goûts? Par quelle fatalité ne fut-elle pas accomplie? C'est ce que je vais expliquer.

« Lorsque la vente fut consommée, il fallut bien nous résoudre à rompre le silence. Nous en fîmes part à nos parents et à nos amis. Mon frère venait de se marier. Il avait épousé Mlle Beltz, nièce de l'abbé Morellet et cousine de Marmontel[1]. Heureux d'avoir échappé ainsi que moi aux proscriptions, il vivait retiré dans une propriété située à Auvers, petit village sur les bords de l'Oise, à une lieue de Pontoise. L'année précédente, il avait refusé la députation au conseil des Cinq-Cents. La presque unanimité des voix lui était acquise, lorsque sa femme, effrayée des dangers qu'il avait courus à l'Assemblée législative, le supplia vivement de ne plus se mêler des affaires publiques[2]. Mon frère céda sans peine à ses instances, et il employa toute la considération et

1. Je n'ai jamais eu de relations bien intimes avec l'abbé Morellet. Il y avait si peu de points de contact entre sa famille et la mienne que depuis que sa nièce était devenue la femme de mon frère, ma femme et moi étions les seuls qu'elle eût consenti à connaître et à recevoir. Quoi qu'il en soit, j'allais de temps à autre aux réunions de l'abbé Morellet. Il venait dîner chez moi, me faisait quelques visites et se trouvait assez souvent chez mon frère avec nous. (*Note de F. Chéron.*)

2. Ma belle-sœur restait pendant sept mois à la campagne, et pendant les cinq mois qu'elle passait à Paris son talent supérieur sur le piano et son esprit distingué la faisaient rechercher par les sociétés les plus brillantes. (*Idem.*)

tout le crédit dont il jouissait pour faire nommer à sa place M. Lebrun, littérateur estimé, mais d'un ordre peu élevé, lequel fut depuis archi-trésorier, duc, prince, pair de France, et a fait souche d'une des plus grandes notabilités du royaume. Jeu bizarre de la fortune! et à quel fil imperceptible elle attache l'origine des plus brillantes destinées!

« Mon frère était plus riche que moi ; il jouissait de 7 à 8000 livres de rente indépendamment des ressources que lui fournissait son petit domaine, et ces ressources étaient grandes. On en jugera par le passage suivant, extrait d'une de ses lettres que j'ai conservées : « Si tu savais le peu que je dépense ici, tu ne pourrais le concevoir. Les sept mois que je passe à Auvers ne me coûtent pas plus de 1000 à 1100 francs, y compris les gages d'Angélique, de mon jardinier et même de quelques ouvriers. » Et certes mon frère vivait ce qu'on appelle noblement et recevait même pendant ces sept mois tantôt sa famille ou celle de sa femme, tantôt quelques amis, et son bon et respectable curé avait toujours son couvert mis [1].

1. L'ancienne habitation d'Auvers n'existe plus. Elle a été remplacée par un très beau château.

« Il semble qu'un si puissant exemple aurait dû parler éloquemment en faveur du parti que nous avions pris. Il n'en fut pas ainsi. « Quelle folie! quelle extravagance ! s'écria ma belle-sœur au moment où nous l'instruisîmes de notre acquisition! » Et mon frère d'appuyer son avis.

— Avec mes opinions, ma sœur, répondis-je, vous savez mieux qu'une autre que je ne puis espérer aucune fonction.

— Prenez un état libre, vous avez du talent; soyez avocat, ou bien faites comme mon oncle, traduisez, faites des ouvrages.

— Non, ma sœur; je sais m'apprécier, et je n'ai les moyens de succès ni de votre oncle ni de votre cousin. »

« Dès le lendemain la nouvelle fut ébruitée, et nous eûmes à lutter contre une foule de contradicteurs. J'étais alors propriétaire d'une maison, place de la Ville-l'Évêque. C'était le seul bien que j'eusse sauvé des successions de mes père et mère, car ce n'est que quelques années après que mon frère me revendit la maison de Saint-Germain. Marmontel, qui depuis la Révolution s'était retiré avec sa famille dans un ermitage ou plutôt dans une chaumière de paysans à Gaillon, venait d'être élu membre du conseil des

Anciens. Toute sa famille habitait le faubourg Saint-Honoré. J'avais un appartement libre au premier étage de ma maison, Marmontel le trouva à sa convenance. Il devint mon locataire et notre voisin, car nous habitions une partie du second étage. L'abbé Morellet demeurait rue d'Anjou, à peu de distance de notre logis. Il fut le premier qui nous fut dépêché ; Marmontel vint ensuite, puis Mme Dutilleul et sa famille, qui depuis eurent tant d'influence sur nos destinées, puis enfin plusieurs autres personnages justement honorés de l'estime des gens de bien.

« Il est à propos de rappeler qu'à cette époque l'opinion publique n'était rien moins que favorable au gouvernement. Ce n'était pas sans raison que les journaux jacobins sonnaient l'alarme contre les royalistes. La réaction du 9 thermidor n'avait cessé de faire des progrès, dont le Directoire était effrayé. La tendance vers l'ancien régime était manifeste. Aux dernières élections, la majorité du tiers renouvelé avait été en faveur des ennemis déclarés de la Révolution. L'un de mes bons amis, Henri Larivière, avait été nommé par soixante-dix départements (les sept nominations de coterie qui ont tant gonflé l'orgueil immense de mon ex-ami Royer-Collard sont bien peu de chose en comparaison). Henri Larivière pourrait se glorifier à juste titre d'avoir été l'élu de la France, car il ne devait un si grand nombre de suffrages qu'à l'énergie avec laquelle il avait constamment combattu à la tribune les artisans de l'anarchie, les ennemis de tout ordre social. Toutefois les royalistes ne défendaient leurs doctrines qu'avec circonspection [1]. C'était toujours pour la plus grande gloire de la République qu'ils professaient leurs principes conservateurs; mais le Directoire ne s'y trompait pas. On s'attendait à une crise, elle était inévitable, et les royalistes, qui n'ont jamais douté de rien, se flattaient de remporter bientôt une victoire décisive.

« C'est de ces belles espérances que l'on ne manqua pas de s'armer contre moi pour me faire renoncer à mes sages et honorables projets de retraite. J'avais conservé tous mes avantages dans la discussion avec l'abbé Morellet et Marmontel sur le fond de ma détermination. Le premier n'avait rien à répondre à l'exemple de mon frère et de sa nièce, qui vivaient ensemble heu

---

1. Toujours la même tactique, autrefois comme aujourd'hui ! On sait à quoi aboutissent ces timidités et ces défaillances : elles ne profitent qu'aux adversaires de la monarchie. Les leçons de l'histoire devraient pourtant nous instruire.

reux et à l'abri des tempêtes publiques. La vie patriarcale du second, qui avait pourtant trois fils dont les deux aînés étaient déjà sortis de l'adolescence, me fournit à son tour des arguments invincibles, et je puis dire que ces deux robustes athlètes m'auraient laissé maître du champ de bataille, si, par malheur, ils n'eussent employé pour me combattre des armes dont ils connaissaient mieux que moi l'usage et la puissance.

« — Quitterez-vous la partie, me disaient-ils, au moment où nous allons triompher? Vous avez montré du courage et du talent dans les temps les plus désastreux ; vous jouissez de la plus belle réputation, et vous fuiriez..... lorsque nous touchons au but, lorsque la plus belle carrière va vous être ouverte, lorsque vous pouvez arriver à tout!....

« Ces raisons et bien d'autres, soutenues par les voix de stentor de Marmontel et de l'abbé Morellet, commencèrent à m'ébranler. Peut-être aussi mon amour-propre, trop exalté par des hommes de ce mérite, contribua-t-il à préparer ma défaite. Je me tus. C'était me déclarer vaincu.

— Pauvre la Coudraye, me dit ma femme dès

que nous fûmes seuls, nous te perdons, et avec toi le bonheur de notre vie!

« La difficulté était de nous défaire de notre acquisition. Mais, dans l'intervalle d'un mois, on nous amena plusieurs acquéreurs, dont l'un finit par se charger de notre marché, sur lequel nous perdîmes seulement quelques frais de peu d'importance.

« Un entretien qui eut lieu entre mon frère et ma femme a peut-être contribué plus que toute autre chose à renverser nos projets. Un jour, je rentrais chez moi. « Ton frère sort d'ici, me dit ma femme, encore tout émue. J'en ai été bien contente. Il m'a paru très attristé de notre départ, et il m'a dit mille choses tendres. « Quoi, « vous voulez nous quitter, vivre si loin de nous, « quand il vous est si facile de jouir de la retraite « sans vous éloigner! car vous savez, ma sœur, « qu'Auvers est à vous autant qu'à moi; vous pou- « vez y passer tout le temps que vous voudrez « avec vos enfants, et vous y serez toujours comme « chez vous! »

« En me répétant ces affectueuses paroles de mon frère, ma femme avait les larmes aux yeux. »

Notre aïeul regretta toute sa vie de n'avoir pas maintenu son marché :

« — J'avais touché le port, s'écrie-t-il : des vents contraires m'en ont repoussé et m'ont lancé de nouveau dans l'océan du monde, dans le séjour des orages, sur un faible esquif bien légèrement lesté, sans boussole, sans guide, abandonné à tous les hasards d'une navigation périlleuse. »

Quelques éclaircissements semblent nécessaires pour expliquer ces récits. François Chéron ne nous dit pas pourquoi il fut proscrit au 13 vendémiaire, et sa modestie nous cache les dangers qu'il courut dans cette fameuse journée. Heureusement nous possédons quelques lettres et quelques documents, les unes d'un caractère intime, les autres officiels, qui nous permettront de suppléer au silence de l'auteur.

Après le 9 thermidor et la mort de Robespierre, la société se livra à la joie de la délivrance. On sait même que la réaction dépassa les limites qu'auraient voulu lui tracer les thermidoriens : ceux-ci suivirent plutôt qu'ils n'encouragèrent l'opinion publique, qui réclamait impérieusement le châtiment des assassins et la fin des violences. Lebon, Carrier, Fouquier-Tinville furent envoyés à l'échafaud; la Convention, où dominaient maintenant les modérés de la Plaine, reprit les pouvoirs de la Commune de Paris, et le club des Jacobins fut fermé! Les émigrés rentrèrent en foule, les prêtres sortirent de leurs retraites, et on ne les inquiéta point. Ces premiers jours donnés à la joie, on songea bientôt à l'avenir : les partis politiques se reconstituèrent, et les royalistes furent les premiers à reprendre espoir. François Chéron devait naturellement se joindre à eux : ses opinions n'avaient pas varié, et son caractère le portait à l'action. Il fut un des chefs du mouvement, et les chroniques contemporaines, résumées dans la *Biographie universelle* de Michaud, nous apprennent qu'il courut les plus grands dangers dans la journée du 2 prairial an III (1795), qui fut le dernier signe de vie des Jacobins.

Malheureusement, la société renaissante avait encore tous les défauts du XVIIIe siècle. Le spectacle de la Révolution ne lui avait rien appris : elle resta licencieuse et voltairienne, et ne fut capable d'aucun grand effort pour étouffer la Convention expirante et rétablir la monarchie. On dansa sitôt qu'on eut cessé de guillotiner. On conspira, mais au milieu des bals et des réjouissances. On fit une agitation royaliste, mais chacun agit à sa manière, sans accepter de direction.

La réaction, dit Nodier, fut élégante et même parée. Elle réveilla le goût des festins et les fantaisies du luxe. Quelques hommes encore jeunes qui avaient fait leur éducation dans les boudoirs de la Dubarry devinrent les arbitres des bonnes manières. Les mœurs de la Terreur avaient été d'une grossièreté hideuse; celles de la réaction furent d'une impudence raffinée.

C'était cette jeunesse dorée, comme on l'appelait alors, qui portait de ridicules costumes, se faisait couper les cheveux ras, derrière la tête, pour rappeler la toilette des condamnés à mort, affectait de parler du bout des lèvres et de murmurer les syllabes en en retranchant les *r* pour se distinguer des Jacobins qui conservaient un langage rude et grossier. Elle avait sa manière d'honorer la mémoire des martyrs de la Convention : c'était en donnant des *bals à la victime*, dans lesquels on n'admettait que ceux qui avaient eu quelque parent égorgé! On s'étonne à juste titre qu'une telle société ait pu suivre de si près celle de la Terreur, mais on ne saurait être surpris que Dieu lui ait refusé le concours de sa justice.

Ce qui faisait la force des royalistes à cette époque, c'était la lassitude du pays et la crainte où l'on était de voir reparaître les jours de 1793. Les divisions qui régnaient parmi les membres de la Convention, la faiblesse du gouvernement thermidorien, le suicide ou l'exécution des derniers Montagnards, la frayeur des uns, l'incertitude des autres, le besoin de repos qui avait saisi tous les esprits après une tourmente si prolongée, promettaient un succès qu'on ne pouvait malheureusement plus attendre de l'héroïsme de la Vendée [1]. C'est à Paris qu'il fallait agir : les sections furent purgées de tous les Jacobins, et l'influence des royalistes y devint bientôt dominante. François Chéron fut élu président de la section du Roule, et il accepta ce poste, qui le plaçait au premier rang pour le combat.

La Convention voyait le péril et ne savait comment y échapper. Elle était tout occupée en ce moment à rédiger ce qu'on appela depuis la Constitution de l'an III ou du Directoire, et les plus célèbres inventeurs de constitutions, Sieyes entre autres, étaient enfin sortis de ce long silence pendant lequel ils avaient voté la mort de Louis XVI et accepté tous les décrets du comité de Salut public. Les régicides voyaient avec

1. Voy. L. Blanc, *Histoire de la Révolution.*

frayeur l'opinion s'éloigner d'eux et craignaient
de céder leur place à des hommes nouveaux qui
auraient brisé leur ouvrage. Ils tremblaient plus
encore pour leur sûreté personnelle, quand ils
auraient perdu le privilège précieux de l'inviola-
bilité. C'est alors qu'ils imaginèrent de perpé-
tuer leurs fonctions en décrétant, le 22 août 1795,
que les deux tiers des membres de la Convention
feraient *de droit* partie du conseil des Cinq-
Cents et des Anciens. Les collèges électoraux de
la France furent simplement appelés à désigner
ces deux tiers! C'était la première fois qu'on se
jouait de cette prétendue souveraineté du peuple,
qui faisait partie des immortels principes!

A cette nouvelle, il y eut parmi les royalistes
une véritable explosion de colère et de mépris.
Les sections protestèrent à l'envi. « Méritez le
choix du peuple, et ne le commandez pas! »
s'écria Lacretelle parlant à la barre au nom de
la section Lepelletier, qui avait pris la direction
du mouvement. Malheureusement, le pays était
trop épuisé et trop effrayé encore pour se sauver
par les voies légales : le projet de Constitution
fut approuvé par 914,000 voix contre 41,000, et
le décret du 22 août lui-même eut en sa faveur
167,000 adhésions contre 95,000. Quelque mi-

nimes qu'elles fussent, ces majorités donnaient aux mesures conventionnelles force de lois. La protestation ne pouvait plus être qu'une insurrection, et des deux côtés, l'appel aux armes fut décidé.

Il serait superflu de raconter ici les tristes journées de vendémiaire an IV (5 octobre 1795). Les royalistes, mal dirigés, mal approvisionnés, furent vaincus par un jeune général qui devait quatre ans plus tard briser lui-même et à son profit la Constitution de l'an III. François Chéron se battit tout le jour et se fit assez remarquer pour mériter les honneurs de la répression. Il fut proscrit nominativement pour la seconde fois; les agents de Barras le recherchèrent, mais il put leur échapper.

C'est à ce moment que furent rendus les décrets auxquels François fait allusion dans son récit, et qui décidèrent que les individus qui dans les sections avaient provoqué des mesures séditieuses ne pourraient plus exercer aucune fonction législative, municipale ou judiciaire. C'était la loi des suspects, moins la guillotine. Toutes les mesures prises en 1792 et 1793 contre les prêtres, les émigrés et même les parents des émigrés furent remises en vigueur.

Les royalistes ne furent cependant pas poursuivis à outrance. La Convention affectait l'horreur du sang, à ce point qu'elle décréta l'abolition de la peine de mort, dont elle avait tant usé, semblable à ces buveurs rassasiés qui, sortant de leur ivresse, prêchent le mépris du vin.

Depuis lors, François Chéron vécut davantage dans la retraite. La réaction ne fut pas complètement étouffée par la défaite de vendémiaire : elle reprit un nouvel essor l'année suivante, sous le Directoire, par les élections du *premier tiers*, qui furent en grande majorité favorables à la cause de la monarchie.

C'est ici que nous retrouvons notre auteur à la tête d'un petit journal satirique, intitulé *le Déjeuner* (1797); ne pouvant plus agir lui-même, puisqu'on lui avait enlevé tous ses droits politiques, il trouvait le moyen de lutter encore dans la presse, en usant de toute la prudence nécessaire pour ne pas être arrêté.

Il est curieux de voir comment, à cette époque, on s'y prenait pour battre en brèche le gouvernement républicain. L'attaquer de front était impossible. Mais la Constitution offrait un terrain d'action favorable. On feignait de la défendre contre la corruption directoriale, et on trouvait toutes sortes de procédés ingénieux pour la faire tomber sous le ridicule.

C'est à ce point de vue que les articles, les lettres et les récits suivants de Chéron offrent un véritable intérêt :

« 23 *janvier* 1797. — Nous avons une Constitution ; c'est fort bien. Nous la conserverons tant que nous pourrons ; c'est à merveille. Mais cette Constitution n'est point encore à l'apogée de la perfection, on peut le croire. Dix années au moins, constitutionnellement parlant, nous éloignent de l'époque de la révision ; je le sais. Mais il est toujours bon de prendre date ; je la prends.

« L'un des inconvénients les plus graves que l'expérience ait déjà fait sentir est celui qui résulte des articles 196 et 197, et ainsi conçus :

« Art. CXCXVI. Le Directoire peut suspendre
« ou destituer immédiatement, lorsqu'il le croit
« nécessaire, les administrateurs, soit de dépar-
« tement, soit de canton, et les envoyer devant
« les tribunaux de département s'il y a lieu.

« Art. CXCXVII. Tout arrêté portant cassa-
« tion d'actes, suspension ou destitution d'ad-
« ministrateurs, doit être *motivé*. »

« Et qui jugera ces *motifs* ? Personne. Quel oubli ! La Constitution de 1791 obligeait le roi d'instruire de ces destitutions le Corps législatif, qui seul pouvait confirmer la suspension, ou la lever, ou renvoyer les administrateurs prévenus de délits devant les tribunaux : modification équitable et prudente.

« Moins sage et plus prodigue d'attributions arbitraires, la Constitution de 1795 donne, *de fait*, au Directoire la nomination des administrateurs de département. Quelle extension de puissance !

« Le Directoire n'avait-il pas assez de son armée de commissaires au nombre de dix mille ? Vous lui donnez encore, dans chaque département cinq vice-directeurs , délégataires de la toute-puissance administrative, dont ils pourront étendre les bornes au gré de leurs supérieurs.

« Je regarde cette lacune de la Constitution comme une véritable calamité. Mille chances se présentent à mon esprit, qui peuvent amener les plus cruels résultats.

« Que les hommes éclairés réfléchissent sur ce dangereux oubli de la loi fondamentale de l'État. Sans rien changer à la Constitution, le Corps législatif n'aurait-il donc pas le droit d'en expliquer les articles imparfaits et dont l'exécution *littérale* n'aurait d'autre effet que de porter atteinte à la liberté publique ? »

Le 25 janvier, nouvelle attaque, pleine de vivacité et d'entrain, sur le terrain financier :

« Chaque jour, on accorde des *millions* à chaque ministre, et il est bon de remarquer que ce n'est point un style figuré, comme autrefois en assignats ou en mandats. *Million*, dans notre langue actuelle, veut dire *million*, c'est-à-dire neuf cent quatre-vingt-dix-neuf mille francs, plus encore un mille de livres tournois, espèces d'or ou d'argent, numéraire métallique, pièces palpables, sonnantes, bien et dûment frappées et monnayées. Or il est bon de savoir ce que deviennent tous ces millions-là. Il n'est pas douteux qu'ils ne soient employés pour la plus grande gloire de la République et pour le plus grand bonheur de ses chers enfants, mais encore aimerait-on à y voir clair.

« Je lis, dans la Constitution de 1795, l'article 308, conçu en ces termes : « Les comptes « détaillés de la dépense des ministres, signés et « certifiés par eux, sont rendus publics au com- « mencement de chaque année. Il en sera de « même des états de recette de diverses contribu- « tions et de tous les revenus publics. »

« Où sont-ils, ces comptes détaillés, ces états de recette ? Nous sommes déjà loin du commencement de l'an V, et ils ne sont pas encore publics.

« Est-ce qu'on ne peut point nous rendre de comptes ?

« Est-ce qu'on ne veut point nous rendre de comptes ?

« Dans ces deux hypothèses, au moins serait-il décent d'être un peu plus discret sur les demandes et plus réservé sur la facilité à accorder les subsides. Législateurs, songez-y bien ! La presse et les subsides ! les subsides et la presse ! voilà votre défense, vos arsenaux, vos armes les plus sûres. Conservez-les religieusement ; ils seront toujours votre force et les garants de notre liberté. »

Le lendemain, il revenait à la charge :

« 26 *janvier* 1797. — Alcibiade, allant faire visite à Périclès, fut obligé d'attendre quelques instants avant de pouvoir lui parler. Quand on l'eut fait entrer, Périclès s'excusa sur ce qu'il s'occupait à rendre ses comptes. *Croyez-moi*, lui répondit Alcibiade, *occupez-vous plutôt à n'en point rendre.*

« Presque tous nos législateurs ressemblent, sous ce rapport, à cet Athénien frivole et indifférent aux maux de sa patrie.

« On devait croire qu'à la fin de leur session

ils regarderaient comme un devoir sacré de *rendre et faire rendre des comptes ;* c'est là le moindre de leurs soucis ; ils ne s'occupent qu'à mettre bien à l'aise la conscience des Périclès modernes.

« *Dans le champ du public, largement on mois-sonne !* Et les rentiers meurent de faim, et la misère accroît chaque jour le nombre des vols, des meurtres et des suicides..... On s'est habitué à regarder tout cela comme un ordre de choses *nécessaire.* On n'en est point ému. Que dis-je ? on ne daigne point y penser. Deux ou trois fois par mois, seulement, il s'élève dans les Conseils un faible regret sur les suites funestes d'une *grande révolution...* et l'on n'y pense plus. Malheureux Français ! »

Cette façon de plaisanter le ministère de Barras et de soutenir les royalistes du conseil des Cinq-Cents était très à la mode au commencement de l'année 1797. On croyait ainsi ramener l'opinion publique et préparer une prompte restauration ; mais le mouvement était plus superficiel qu'on ne pensait, et les événements ne devaient pas tarder à prouver que la France n'était pas prête à revoir le successeur de Louis XVI. Tous les jours, Chéron écrivait ainsi, servant, d'après l'expression de son journal, un *déjeuner politique* à ses lecteurs.

Le récit suivant est d'une autre nature. L'anecdote est assez piquante pour être rapportée :

« Je lisais, il y a peu de jours dans un gros journal, composé par un *antiquaire et bibliothécaire*, le compte qu'il rendait du discours prononcé par M. de La Harpe, à l'ouverture du lycée. Je fus fort étonné d'y voir que ce discours contenait des *sorties virulentes contre le gouvernement*, que M. de La Harpe n'a point nommé ni même désigné. Je me rappelai fort bien les tableaux brillants, les belles digressions, les mouvements énergiques et sublimes dont ce discours est rempli. Mais je ne me souvins aucunement de *sorties* contre le gouvernement, et bien moins encore de sorties *virulentes ;* car il faut remarquer cette épithète peu charitable. Je commençai à croire que le bibliothécaire ne savait pas lire. Je continuai son extrait, et je fus bien autrement surpris lorsque je lus, quelques lignes plus bas, que *les savants ne doivent point unir les discussions politiques aux discussions littéraires, et que Plutarque nous enseigne que le sage ne doit point se mêler des affaires publiques.* Oh ! celui-là est trop fort ! me suis-je aussitôt écrié; assurément Plutarque n'a pu dire une pareille sottise. Et, soudain, de chercher dans ma mémoire ce que le bon Plutarque avait écrit sur cette matière.

« Je ne fus pas longtemps sans me souvenir qu'il avait fait un très long chapitre intitulé *Instruction à ceulx qui manient les affaires d'Estat*, et j'eus quelque peine à croire qu'il eût fait cette instruction uniquement pour des *fous* et des *maniaques*. J'aimai mieux penser que le bibliothécaire ne savait pas lire. Pour m'affermir dans cette opinion, je pris le parti de remonter à la source de toutes lumières. Je m'achemine au grand magasin des connaissances humaines. J'arrive à la bibliothèque, et là, je demande humblement au bibliothécaire les Œuvres de Plutarque.

« — Quel volume? me répondit-il moins humblement.

« — Celui où il enseigne que *le sage ne doit point se mêler des affaires publiques*.

« — Croyez-vous, répliqua-t-il avec humeur, que je sais tout Plutarque par cœur?

« — Non, je suis même persuadé du contraire.

« — Eh bien donc, quel volume?

« — Je ne puis vous l'indiquer, mais je crois que c'est dans les Œuvres morales.

« — Voulez-vous le grec, le latin, le français ?

« — Le français.

« Le bibliothécaire, *torva tuens*, me fait remettre la vieille et naïve traduction de Plutarque, par Amyot : je me hâte de le parcourir, et j'eus le plaisir de relire non seulement l'excellente *instruction*, mais encore un chapitre qui est immédiatement à la suite, avec ce titre : *Si l'homme d'aage se doibt encores entremettre et mesler des affaires publiques*, et là, je trouvai à me convaincre, par les paroles expresses de ce bon philosophe, que *l'homme sage ne doit pas, même dans sa vieillesse, renoncer aux affaires publiques*, et que le bibliothécaire ne savait pas lire ! Il développe encore, dans ce chapitre, plusieurs autres principes qui méritent bien quelque attention. On y voit que *la science des affaires publicques ne s'apprend qu'avec beaucoup de travaulx, longues et laborieuses occupations, à toute peine, pourvu encores qu'elle rencontre à temps une nature patiente de labeur.* Le bon Plutarque, comme on le voit, n'aurait pas été fort d'avis qu'un élu du peuple s'amusât à faire des *satyres* ou des *drames* au lieu de songer à guérir les plaies de l'État. Il dit bien aussi que *la royauté est la plus grande et la plus parfaite espèce du gouvernement qui soit au monde,* mais c'est un préjugé qui tient à l'ignorance du temps! Plutarque vivait sous le tyran Trajan et n'avait point senti la douce influence de la liberté et le bonheur d'un état républicain ! Il définit la politique *une prudence, un sens rassis, une justice et, oultre cela, une expérience qui sçait bien, en toutes occurrences, choisir et prendre le poinct de l'occasion.* Il dit que *l'humanité, la sociale courtoisie et la gratitude, par désaccoutumance, s'anéantissent et s'esvanouissent.* Enfin, ce petit traité de politique et de philosophie m'a paru contenir les maximes les plus sages, les règles de conduite les plus pures et dont l'observance fidèle ramènerait parmi nous la paix et le bonheur. »

On sait à quel point l'immoralité la moins déguisée avait gagné la société du Directoire. Sous la première république, comme sous la troisième, les gravures les plus obscènes s'étalaient publiquement et choquaient les honnêtes gens. Chéron nous en cite un exemple :

« On vient de réimprimer, dit-il, les *Liaisons dangereuses,* roman de M. *Delaclos,* avec le plus

grand luxe de typographie et de gravures. C'est,
à ce qu'il me semble, avoir rendu un fort mauvais service à M. Delaclos, mais en avoir rendu
un bien grand à la société. Le titre de cet ouvrage annonçait quelque moralité, et le poison
qu'il recèle était habilement déguisé par le talent
de l'exécution ; mais grâce aux gravures offi-
cieuses dont on vient de l'orner, il ne pourra
plus corrompre personne. A la seule vue des
peintures lascives, des scènes dégoûtantes que le
burin n'a pas craint de retracer, les pères et les
mères rejetteront le livre avec indignation, chacun rougira désormais de l'exposer aux chastes
regards de la pudeur, et ce roman impur ira, de
compagnie avec les *Angola*, les *Tanzaï*, les *Bi-
joux* et tant d'autres ordures, habiter les impudi-
ques réduits de quelques modernes Trimalcions. »

Ainsi, Chéron ne perdait pas une occasion de
mettre à nu les vices qui rongeaient la société
et de remonter à leurs causes : mais tous ces
conseils étaient inutiles. La société du Directoire était trop malade pour guérir, et les
efforts des honnêtes gens furent déjoués par
les calculs ambitieux de Barras et de ses deux
collègues Laréveillère et Rewbel. Un matin,
le 7 fructidor an V, les soldats d'Augereau

entrèrent dans Paris, malgré la Constitution, cernèrent les deux Conseils et mirent en état d'arrestation non seulement les deux directeurs Barthélemy et Carnot, mais encore tous les députés taxés à tort ou à raison de royalisme, et tous, enfermés dans des cages de fer, furent conduits à Rochefort et de là à Cayenne. Les journaux hostiles au Directoire furent supprimés et leurs rédacteurs encore une fois arrêtés et proscrits. La terreur se répandit dans la France entière : on se crut à la veille d'un nouveau 93, et les Jacobins de l'an V relevèrent partout la tête. Les royalistes avaient porté tous leurs efforts sur le terrain électoral : battus et découragés, ils ne firent aucune résistance, et la journée de fructidor assura le triomphe de la Révolution. Plus de vingt années devaient s'écouler avant que les espérances royalistes se réveillassent : la génération de vendémiaire s'avoua impuissante, et les plus fidèles amis du trône se bornèrent à former çà et là, comme pierres d'attente pour des jours meilleurs, quelques comités secrets.

Le Déjeuner fut un des journaux saisis et supprimés. Les rédacteurs furent déclarés coupables de complot contre la République : quelques-uns furent saisis et jugés. Chéron, plus heureux, parvint à s'enfuir, se cacha quelque temps dans les forêts de Saint-Germain et de Fontainebleau, puis, quand l'ordre fut rétabli et l'ère des proscriptions fermée, il revint à Paris et chercha une consolation à tant d'infortunes dans la littérature et la société d'écrivains distingués.

CHAPITRE V

APRÈS FRUCTIDOR

« Nous avions alors deux amis, vraiment dignes de ce nom, tous deux francs, simples, bons et parfaitement en rapport d'humeur et de caractère, mais dont les lumières, la capacité et l'étendue de jugement n'étaient pas à un égal degré.

« Je parlerai surtout de Vanderbourg, avec lequel nous avons été trop peu de temps, hélas! dans la plus douce et la plus parfaite intimité [1].

1. Charles Boudens de Vanderbourg (1765-1827) émigra à l'époque de la Terreur et passa quelques années en Allemagne. De retour en France, il fit paraître plusieurs traductions fort estimées : le *Woldemar* de Jacobi, le *Laocoon* de Lessing, etc. Il publia aussi en 1803 les *Poésies* de Clotilde de Surville, et en 1812 une traduction des *Odes* d'Horace en vers français. Il fut reçu membre de l'Académie française en 1814.

« Vanderbourg était à la fois un savant distingué et un littérateur plein de goût. Sa
modestie était extrême, et rien n'égalait le
charme de son entretien. Je devais sa connaissance à Quatremère de Quincy, mon ami de
tous les temps, avec lequel il s'était trouvé en
émigration après les proscriptions du 18 fructidor.
De son côté, Vanderbourg nous mit en relation
avec M. de Rossel, célèbre navigateur, auquel
on doit la relation des voyages d'Entrecasteaux,
et qui est aujourd'hui membre de l'Académie des
sciences, contre-amiral honoraire et directeur
général du dépôt des cartes et plans de la marine.
On devinerait difficilement un marin dans la
personne de M. de Rossel : un langage très doux,
mais qui n'est pas exempt d'affectation et de
manière, une politesse exquise, un fonds solide
d'instruction qu'il exploite sans pédanterie , de
la finesse et du trait dans la conversation, forment un assemblage de qualités bien rares à rencontrer dans un homme de mer.

« De nombreuses réunions avaient lieu dans
notre modeste logis avec les trois hommes
célèbres que je viens de nommer, réunions bien
peu coûteuses, puisque le café du matin ou le
thé du soir en faisaient tous les frais. Mais je

regretterai toujours les trois ou quatre années pendant lesquelles nous avons joui de tant d'intéressants entretiens. Ces amis faisaient vraiment partie de notre famille. Ils partageaient nos joies et nos chagrins. Ils s'invitaient à nos petites fêtes. Mais rien n'est stable, hélas, sur cette terre !

« Ce qui augmente ma douleur et mes regrets, c'est que la perte de vrais amis est une perte irréparable. Plus de vingt-un ans sont écoulés depuis la dispersion de notre petite société, et je n'ai trouvé dans le monde rien qui ait pu m'offrir même l'espoir d'un dédommagement. Quatremère et moi, nous nous sommes restés fidèles, mais la Parque a filé pour lui comme pour moi. Vivant de la vie du savant, Quatremère s'est séquestré de toute société ; nous nous voyons encore avec plaisir, mais ce ne sont plus ces réunions animées tantôt par l'esprit, tantôt par le sentiment, quelquefois même par le génie. De mon côté, je commence à sentir les glaces de l'âge, et c'est dans cette situation qu'il me serait doux d'avoir conservé de telles amitiés.

« A cette époque, Vanderbourg vivait heureux comme célibataire avec un petit capital d'environ 5o, ooo francs. Il savait très bien l'allemand et avait déjà fait plusieurs traductions très estimées, entre autres celle du *Laocoon* de Lessing. Il travaillait, en outre, à plusieurs feuilles hebdomadaires, dont l'*Historien*, le *Journal des savants*, etc. Il n'avait donc rien à désirer sous le rapport de l'aisance, lorsqu'il eut le malheur de fixer les regards et bientôt le cœur de Mlle de R..., qui ne tarda pas à le provoquer en mariage. Voilà l'hymen conclu, presque impromptu, car ce fut l'affaire de quinze jours à peine, et je fus l'infortuné témoin de la bénédiction nuptiale, qui fut donnée à minuit.

« Quels étaient donc les attraits qui ont pu égarer un sage à ce point ? C'est ce qu'il est peut-être à propos d'expliquer.

« Mlle de R..., de famille noble, ancienne chanoinesse de je ne sais quel chapitre, avait de gros yeux presque à fleur de tête, la figure enluminée, la taille épaisse et ramassée. Tout l'ensemble de sa personne portait le caractère de la sottise, et son langage n'était pas infidèle à ce caractère. Sans parler de ces outrages à la langue que l'on nomme vulgairement des cuirs et dont elle était excessivement prodigue, elle semblait s'être fait un dictionnaire à part de toutes les locutions les plus triviales, comme *pour le quart d'heure... au jour d'aujourd'hui... je dis quoiqu'ça... c'est pas*

l'embarras, etc., le tout enjolivé d'exclamations telles que *diantre! peste! jarni!* etc. Son mari ne pouvait pas disconvenir de ces petites imperfections; « mais, disait-il naïvement, je la for-
« merai (notez qu'elle dépassait de beaucoup la
« quarantaine puisqu'elle avouait trente-six ans).
« Et puis, elle est si douce, si bonne! Vous n'ima-
« ginez pas les soins, les attentions qu'elle a pour
« moi! » On va voir de quelle nature étaient ces attentions et ces soins et ce qu'ils ont produit.

« D'après ce portrait, on croirait peut-être que Mme de Vanderbourg ne pouvait être sur-passée en ignorance. On se tromperait. Sa mère avait droit de lui disputer le premier rang. Mme de R... était une de ces vieilles douairières sèches, humoristes, et encroûtées de maximes et proverbes surannés, qu'elle débitait à tout pro-pos, sans les comprendre. Elle avait sans cesse à la bouche deux ou trois questions niaises, qu'elle répétait toujours dans les mêmes termes : c'était une cloche qui rendait toujours le même son. « Mais, monsieur, est-ce que vous croyez tout
« cela?.... Est-ce que tout cela peut être vrai...?
« mais, monsieur, comment tout cela finira-t-il?. » On évitait autant que possible de la contredire, mais si, par hasard, il vous arrivait de donner pour

certain quelque fait notoire qui contrariait sa
vieille routine, son visage se renfrognait, et elle
vous jetait au nez quelque parole dédaigneuse :
« Ah! j'entends, monsieur est ami de la Révolu-
« tion... Monsieur est pour Buonaparte! » Elle
ne sortait pas de là, et il fallait se taire, sous
peine d'être affronté avec plus d'aigreur, heureux
lorsque son humeur lui faisait quitter la partie
après sa première bordée.

« Je ne dois pas oublier, avant de continuer ce
récit, de faire mention d'un troisième personnage
qui n'a pas laissé d'avoir beaucoup d'influence
sur la destinée des dames de R... et du malheureux Vanderbourg.

« Ce personnage, quoique en sous-ordre, exer-
çait un grand pouvoir sur ceux qui lui comman-
daient. Rosalie, c'était son nom, avait été religieuse : il est plutôt probable qu'elle avait été
cuisinière dans un couvent qu'elle avait quitté.
Ce service était le sien dans la maison de R...;
mais elle y joignait ceux de femme de chambre,
et de secrétaire de ces dames, qui ne savaient
pas mieux écrire qu'elles ne savaient parler.
C'était enfin une sorte de *factotum*, qui, par la
diversité de ses talents, s'était rendue nécessaire,
indispensable, et avait pris en conséquence un

ascendant prodigieux sur ses maîtresses. Fille excellente, d'ailleurs, d'une probité à toute épreuve, douée enfin, je le suppose, de toutes les vertus et de toutes les qualités que l'on pouvait désirer. Mais ce qui la rendait sans prix pour ses maîtresses, c'était son talent distingué dans l'art *culinaire*, mot savant, inventé par les gastronomes et qu'il est honteux pour l'Académie de n'avoir pas encore adopté. Dieu! quelle cuisine que celle de Rosalie! quelle délicatesse dans la confection de sa pâtisserie! quelle recherche et quelle élégance dans ses confitures et ses sucreries! L'essence de tout ce que le règne végétal peut offrir de plus savoureux lui servait à assaisonner ses ragoûts. Mais hélas! quelles suites funestes ont eu ces déplorables talents!

« Notre pauvre ami essaya trois ou quatre fois de reprendre le cours de nos petites réunions du soir. Ces échappées de la vie de garçon ne réussirent pas. Mme Vanderbourg entendait que son mari ne sortît jamais sans son aveu. Ce n'est pas qu'il ne lui proposât toujours de l'accompagner; mais la pauvre femme n'était de mise nulle part. Malgré la bonne opinion que les sots ont d'eux-mêmes, il y a toujours un sentiment secret qui les avertit de leur infériorité. C'en était fait. Au bout de trois mois à peine, le bon Vanderbourg était cloîtré, confisqué et presque séquestré de ses amis, puisque ce n'était qu'au logis conjugal qu'il lui était permis de les recevoir.

« L'ex-chanoinesse jouissait d'une douzaine de mille livres de rentes. Son embonpoint et ses vives couleurs étaient entretenus par les délicatesses d'une table toujours très bien servie. Vanderbourg était Allemand, c'est-à-dire qu'il aimait beaucoup le bon vin et qu'il n'était pas insensible aux douceurs de la bonne chère. Tant qu'il resta garçon, il vécut très frugalement, et ce n'est pas à notre table qu'il se fût gâté le goût, puisqu'on n'y servit jamais que les mets les plus simples et les plus salubres. Nous n'eûmes jamais pour déjeuner que le thé et le café de la meilleure qualité possible, mais sans autre accompagnement que les tartines de beurre. Il n'en était pas ainsi au logis de Vanderbourg. Les déjeuners à la fourchette y regorgeaient d'abondance. C'était, sans parler des hors-d'œuvre, une profusion de viandes de toute espèce, des jambons, des daubes, des salaisons, auxquels succédaient des pâtisse-ries, des fruits, des confitures, le tout couronné par le café ou le thé, avec la crème la plus épaisse. La cave était exquise et très variée. Dangereuses séductions pour un gosier germanique ! Le bon Vanderbourg s'abandonna trop facilement à ces perfides délices.

« Invités plusieurs fois à ces déjeuners succulents, nous y faisions, ma femme et moi, une assez triste figure. C'était toujours à dîner que nous rendions ces invitations avec une simplicité très bourgeoise. Je pouvais alors disposer souvent d'une loge au théâtre du Vaudeville : heureuse ressource pour occuper une femme qui avait tant de risques à courir dans la conversation et à laquelle on ne pouvait même offrir le refuge ordinaire des sots, la table de jeu, puisqu'elle ne savait pas seulement tenir une carte. Nous tâchions ainsi d'éviter à notre pauvre ami les occasions de rougir. Vains efforts ! Sa femme ne pouvait ouvrir la bouche sans qu'il en sortît une ânerie. Un jour, après la première pièce qu'on venait de jouer, elle se retourne vers moi : « Comment s'qu'on « appelle ça ? » Je ne savais ce qu'elle voulait dire, et je cherchais des yeux ce qu'elle voulait désigner par *ça*. Je finis par lui demander quoi ? « Ce « qu'on vient de chanter ? — Ah ! la pièce qui « vient d'être représentée ? — Oui. — C'est *Piron* « *avec ses amis.* — Bon ! Bon !.. et celle-ici ? » Je

9

satisfis à la question; mais, je m'en souviens encore, *celle-ici* me fit rougir, et je sentis la sueur couler de mon front. Vanderbourg, qui était à côté de moi, s'agitait, prenait du tabac, en reprenait; sa souffrance était extrême, mais en vérité je souffrais autant que lui, et ma femme, qui ne perdait pas un seul de nos mouvements, s'efforçait de son mieux à nous faire oublier *celle-ici*, tantôt en faisant circuler sa bonbonnière, tantôt en épluchant une orange ou en attirant nos regards sur les loges pour nous y faire remarquer soit une toilette ridicule, soit quelque autre bizarrerie qu'elle jugeait propre à nous distraire.

« Aucun de ces détails ne paraîtra une digression inutile lorsque le triste dénouement en sera connu. Vanderbourg s'était accoutumé trop faciment au genre de vie qu'on lui faisait subir. Cet excellent homme faisait ses délices de l'étude; il employait toutes ses matinées au travail de cabinet : tant qu'il vécut célibataire, un repas léger précédait chaque jour ses paisibles occupations, et sa santé s'en trouvait bien; mais du moment où il fut mis au régime trop substantiel de son ex-chanoinesse, son sang dut s'épaissir et ses facultés s'altérèrent.

« Malgré tous les ménagements de ma femme

pour prolonger notre bonne intelligence avec Mme Vanderbourg, elle ne put être de longue durée.

« Mais ce qui prouve jusqu'à quel point furent portées la patience et la circonspection de ma femme, c'est que M. de Rossel et plusieurs autres amis de Vanderbourg avaient cessé de le voir plusieurs mois avant que nous nous soyons vus forcés de nous éloigner aussi. Je ne dirai pas pour quelles raisons, il y en avait cent. Je pourrais me borner à en indiquer une seule. Vanderbourg aura probablement commis plus d'une fois l'indiscrétion de louer ma femme devant la sienne. Sottise énorme dans tous les temps, mais surtout dans un prétendu *siècle de lumières* où il n'est pas une petite fille dont l'orgueil ne se câbre contre la pensée de prendre qui que ce soit pour modèle. Notre rupture avec ce pauvre ami fut douce et sans éclat, fidèles que nous étions au principe qu'il ne faut jamais *rompre*, mais *dénouer* les liens de l'amitié....

« Qu'il est difficile de suivre sans distraction la route que l'on s'est tracée... Plus j'avance, plus je m'écarte de mon but. Quand une fois le champ des souvenirs est ouvert, ils s'enchaînent l'un à l'autre comme les malheurs qu'ils rappellent plus

souvent que les courts instants de joie et de con-
tentement qui nous sont réservés.

« Pauvres amis ! Vanderbourg, Blondel, je vous
réunis ici dans l'expression de mes regrets. Il n'est
pas un jour de ma vie où vous n'ayez été présents
à ma pensée ; mais combien la douleur de votre
perte est devenue plus amère pour moi ! Après
tant de tourments, après tant de malheurs, tant
de séparations déchirantes, que votre amitié me
serait précieuse ! »

C'est dans la société de ces amis et de ces écrivains distingués que François Chéron reprenait
les études favorites de sa jeunesse et relisait les
grands tragiques grecs et français. Avant de se
livrer lui-même à la composition dramatique, il
suivait les jeunes auteurs qui marchaient sur les
traces de Corneille ou de Racine ; il reprenait
vivement leurs défauts, il les encourageait à fuir
la bouffissure à la mode, et à revenir au naturel.
On commençait à l'apprécier comme critique de
beaucoup de goût, et ses relations littéraires
s'étendaient de jour en jour.

Nous trouvons, à cette époque relativement
paisible de sa vie, un dossier plein de lettres et
d'articles adressés à des amis ou à des journalistes,

avec les réponses naïves que lui envoyaient les écrivains. Nous ne prendrons dans ce dossier qu'une pièce relative à l'état de l'art dramatique dans les dernières années du xviiie siècle : il n'est pas sans intérêt de savoir ce que les contemporains pensaient de leur propre littérature, et les jugements de Chéron sur Lemierre, Laharpe, Ducis, Legouvé, Lemercier, imitateurs des Grecs et de Shakespeare, nous paraissent remarquables :

« Le poignard de Melpomène, écrit François, vacillait depuis longtemps dans les mains de Voltaire. La mort le lui ravit. Lemierre, Laharpe et Ducis se disputèrent l'honneur de s'en saisir.

« Fort dans ses conceptions, mais inhabile à exécuter ; énergique, mais dur et forcé ; plein de verve, mais dépourvu de sensibilité, l'auteur d'*Hypermnestre* et de *Guillaume Tell* n'a laissé que des ouvrages informes dont on citera quelques vers, quelques beaux mouvements, mais qui, privés de cet ensemble et de cette harmonie qui constituent l'œuvre du génie, ne peuvent servir au progrès de l'art, ni obtenir les suffrages de la postérité.

« Presque toutes les qualités de Lemierre se trouvent dans les productions de Laharpe, et les défauts y sont plus rares. Style noble et pur, goût sévère, couleur antique, alliance heureuse de la raison et du sentiment, voilà ce qui distingue l'auteur de *Philoctète*, de *Virginie*, des *Varwick* et de *Coriolan*.

« Si l'imitateur de Shakespeare avait su joindre tous ses avantages à ceux dont il est doué, il aurait pu faire oublier qu'il n'est qu'imitateur ; mais d'abord son style se ressent de l'âpre et sauvage imagination de son modèle, dont il n'a point conservé la précieuse originalité. En second lieu, pour avoir voulu trop épurer Shakespeare, il l'a souvent affaibli et dénaturé. Les élans de ce génie singulier, comme ceux d'Ossian, veulent être jugés dans leurs mouvements irréguliers, dans toute leur mâle et fière indépendance. Resserrés dans un cadre plus étroit et dépouillés des accessoires rejetés par le goût français, ils perdent cette *étrangeté*, qui ajoute beaucoup à leur prix.

« Le pinceau de M. Ducis est toujours sombre et sanglant, rarement mélancolique et tendre. Tous ses héros sont fous, noctambules ou visionnaires. La pitié, second et nécessaire ressort de la tragédie, au lieu d'être doucement excitée, se trouve comprimée et comme paralysée par les songes, les ombres, les fureurs et les imprécations, que M. Ducis prodigue à pleines mains. On

pourrait dire que ses tragédies inspirent plutôt
l'horreur que la terreur. Enfin, M. Ducis ne me
paraît pas s'être approprié le génie de Shakespeare,
comme Racine a fait celui d'Euripide et Corneille
celui de Guillen de Castro. Si, dans son *Œdipe
chez Admète*, il laisse moins désirer Sophocle, s'il
est plus original dans la *Famille arabe*, peut-être
ces deux ouvrages ne sont-ils pas suffisants pour
assurer à M. Ducis une place parmi nos illustres
tragiques.

« Les trois successeurs de Voltaire occupaient,
tour à tour, la scène française, lorsqu'un jou-
venceau, bouffi de lieux communs, d'épithètes et
de rimes, prenant sa présomption pour du génie,
se crut envoyé par le dieu du goût pour opérer
une révolution dans l'art dramatique. Son coup
d'essai ne fut pas heureux. Blessé d'une double
chute à la cour et à la ville, il prit en haine et la
ville et la cour, se gonfla de venin contre tous les
puissants de la terre et leur jura une guerre éternelle. Il fit l'*École des rois* et puis l'*École des
juges*, et puis encore l'*École des prêtres*. C'est
sans doute par pudeur qu'il n'a point appelé
Timoléon l'*École des frères*. Cet écolier pensait
bonnement pouvoir mener tout l'univers à l'école,
comme si les productions admirables de Cor-

neille, de Racine et de Voltaire n'étaient point *l'école des hommes* de tous les rangs et de tous les siècles. Plaignons l'erreur de ce chétif ambitieux, et laissons dormir en paix ses ouvrages. Ce jeune homme n'est pas heureux en révolution : je ne puis cependant le quitter sans exprimer un regret sincère sur l'abus qu'il a fait de ses talents.

« Heureusement pour l'art dramatique, le mauvais goût des pièces à *grands effets* et à *grandes circonstances* n'a point prévalu dans la tragédie. Trois jeunes concurrents sont entrés dans la carrière avec diversité d'avantages, mais identité de moyens, ceux de la nature et de la vérité. C'est sur eux que repose aujourd'hui l'espoir de la scène française.

« M. Legouvé a prouvé, par son coup d'essai, que les effets les plus simples sont préférables à la multiplicité d'incidents qui surchargent et étouffent l'intérêt. Sa *Mort d'Abel* est un ouvrage remarquable autant par la simplicité de sa conception que par la sagesse et la pureté de son exécution. Je ne sais si les deux conjurations de *Pison* et d'*Epicharis* ne perdent pas à être réunies, mais s'il n'a pas évité tous les écueils, on ne peut nier qu'il n'y ait dans cet ouvrage de fort belles scènes et des caractères bien développés. Si M. Legouvé se rend très sévère sur cette première base de toute bonne production, s'il médite davantage son plan, s'il s'applique à le considérer sous tous les rapports ; enfin, s'il peut se résoudre à laisser son ouvrage deux ans sur le *métier*, comme Racine, son modèle, avait coutume de faire, il pourra prétendre à la seule gloire solide, celle qui survit à la réussite. Jusqu'ici, M. Legouvé a fait preuve de talent. Il ne doit pas en rester là. L'artiste qui a su animer la pierre ou le marbre ne s'arrête pas à ces premiers succès. Il songe à jeter en bronze.

« Plus hardi, plus élevé peut-être, mais moins correct et plus inégal, M. Arnaud a pris une autre route pour arriver au temple de Mémoire. J'aime à le suivre dans sa marche téméraire et désordonnée. C'est la noble et souvent sublime audace de Lucain que l'on retrouve dans *Marius à Minturnes*; mais c'est aussi son emphase, ses lieux communs, sa bouffissure. Dans *Oscar*, il a su rassembler, en un seul foyer, toutes les étincelles éparses de ce feu vif et brillant que le chantre de Fingal a su tirer des glaces de l'Écosse; mais on est fatigué de la multiplicité

des métaphores, offusqué souvent de leur singu-
larité. Cette divagation perpétuelle de sentiments
et de pensées, qui est le cachet de l'inspiration,
ne convient nullement au genre de la tragédie.
Enfin si M. Arnaud eût présenté sa *Lucrèce*
sous un jour moins tendre, je dirai même plus
sombre, il me semble que son ouvrage aurait un
plus grand caractère et un effet plus dramatique.

« Il me reste à parler de M. Lemercier. Ce jeune
auteur s'était annoncé à l'âge de seize ans, par la
tragédie de *Méléagre*. Ce faible essai avait été
suivi de deux autres qui n'avaient pas été beaucoup plus heureux. C'était une entreprise plus
que téméraire d'oser resserrer dans un aussi
court intervalle que celui d'une pièce de théâtre
les principaux traits de l'immortel ouvrage de
Richardson. Le *Roman de Clarisse*, si beau dans
ses détails, devait perdre sur la scène tous ses
avantages; aussi le *Lovelace* de M. Lemercier,
quoique fort bien écrit et dialogué, n'a pas eu de
succès. Son *Lévite d'Ephraïm* n'a laissé également qu'un très faible souvenir. C'est dans son
Agamemnon que M. Lemercier a rassemblé
toutes ses forces. Le succès de cette pièce doit
être aussi durable qu'il a été complet. Il semblait

que la famille des Atrides ne pouvait plus fournir de sujet intéressant. M. Lemercier a su
prouver que rien n'était épuisé pour le vrai talent. La réussite de cet ouvrage a démontré qu'il
existait encore un *public* qui savait apprécier une
production bien conçue, fortement dessinée et
remplie de ces traits mâles et vigoureux, puisés
dans les anciens et trop rarement rappelés par
nos auteurs modernes. Mais on ne peut dissimuler à M. Lemercier que ce public va devenir
exigeant à son égard et n'attendra plus rien de
médiocre de celui qui a créé les rôles d'Egiste et
de Cassandre... »

M. Louis Lemercier voulut défendre Ducis
contre les sévères critiques de Chéron, et nous
avons encore sa lettre. « Il me semble, dit-il,
que M. Ducis, en s'appropriant les tragédies de
Shakespeare, les a rendues plus régulières, les a
quelquefois embellies, approfondies; que, loin
de passer les limites de la terreur, il a renfermé
tous ses effets, et que, en portant la lumière dans
le chaos des conceptions anglaises, il a présenté
les scènes les plus fortement tragiques qui soient
au théâtre... Eschyle, Sophocle, Euripide n'ont-
ils pas déployé aux regards athéniens tout l'appa-
reil sanglant de Melpomène? Osons donc trouver

beau dans les contemporains ce que nous admirons chez les anciens. Ne mettons pas l'opprobre et l'échafaud sur la scène, mais les grandes infortunes, mais les délires tragiques, les terribles ressorts de la fatalité ! »

La réponse ne se fit pas attendre ; elle est à la fois courtoise et énergique.

« J'avais conçu, monsieur, une haute idée de votre talent : votre lettre sur M. Ducis m'en donne une plus grande encore de votre caractère. Il est si beau, mais il est si rare d'allier l'élévation de l'esprit à la noblesse de l'âme et à la modestie qui décore et fait valoir ces beaux présents de la nature ! Cette généreuse défense m'a fait presque désirer d'avoir tort, et certes je me fusse sans honte tenu pour battu par un vieux athlète comme M. Ducis, secondé par un jeune lutteur de votre force ; mais l'amour de l'art l'emporte, et je soutiens le combat... »

François Chéron réfute une à une les objections de M. Lemercier, puis il termine ainsi sa lettre :

« La dernière proposition que j'ai avancée demanderait un certain développement. J'ai dit que M. Ducis avait affaibli et dénaturé Shakespeare. Vous soutenez, monsieur, qu'il l'a embelli et approfondi. On sent combien cette disparité d'opinion exige de discussion, pour qu'on puisse porter un jugement entre nous deux. Je vous prie de soutenir votre dénégation par quelques preuves. Et attendant, je persiste dans mon assertion; et, pour engager le combat, je vous déclare que je suis prêt à défendre, envers et contre tous, les *Hamlet*, les *Roméo*, les *Lady Macbeth*, et surtout les *Othello*, les *Pizarre*, les *Roméo*, les *Hamlet* et les *Frédégonde* de M. Ducis.

« Nourri de la lecture des illustres Grecs, vous les défendez dans M. Ducis, et vous dites que son pinceau n'est point chargé de couleurs plus noires que ceux d'Eschyle, Sophocle et Euripide. Mais d'abord, Eschyle, malgré ses scènes sublimes, a toujours été regardé comme un tragique un peu *renforcé*. Le reproche que j'ai osé faire à M. Ducis n'est point d'avoir excité la terreur, mais de n'avoir excité que la terreur et plus souvent l'horreur. J'aurais voulu voir son génie s'exercer sur des sujets variés, distincts de passions et d'intérêts. Sophocle a fait *Ajax* furieux, *Electre* criminelle, *Œdipe* incestueux; mais il a fait aussi le noble et touchant *Philoctète*, la malheureuse *Déjanire*, la pieuse et sensible *Antigone*. *Oreste*, *Médée* et les *Bacchantes* ont été créés par le même pinceau qui a dessiné *Andromaque*, *Alceste*, *Iphigénie*. Shakespeare lui-même n'a-t-il donc traité que des délires tragiques, et n'admirons-nous pas, après les scènes brûlantes d'*Othello*, les scènes profondes de Jules César et de Coriolan? Tous nos illustres tragiques modernes ont offert la même variété dans leurs conceptions; M. Ducis a-t-il eu cette heureuse inconstance?... »

Nos lecteurs nous permettront maintenant d'interrompre les récits de François Chéron ; nous les retrouverons un peu plus loin, mais il est nécessaire d'accompagner l'auteur sur le nouveau terrain qu'il aborda avec un assez grand succès à cette époque, en publiant son *Contrat d'union* au moment où son frère donnait au Théâtre-Français le *Tartufe de mœurs*. Cette excursion sur la scène dramatique et comique offrira un intérêt historique et nous fera mieux connaître l'époque à laquelle se rapportent ces souvenirs.

CHAPITRE VI

LE THÉATRE EN 1801. — FRANÇOIS CHÉRON, COL-
LABORATEUR DE PICART. — LOUIS-CLAUDE CHÉRON,
AUTEUR DRAMATIQUE.

Violemment éloignés de la politique et des affaires, les deux frères revinrent en même temps
aux travaux littéraires qui avaient fait le charme
de leur jeunesse. Ils étaient à peu près ruinés :
l'administration des eaux et forêts avait été
réorganisée, et ils ne pouvaient prétendre à y obtenir une place : leur famille s'était dispersée, le
foyer paternel avait été vendu, tous leurs beaux
rêves s'étaient tour à tour envolés; il leur sembla qu'ils trouveraient au théâtre une compensation et que les applaudissements du public les
dédommageraient de leurs infortunes politiques.
Louis-Claude Chéron donna alors le *Tartufe de*

mœurs ou *l'Homme à sentiments*, pièce en cinq actes et en vers, imitée de Shéridan, qui fut jouée pendant plusieurs années au Théâtre-Français, et son frère écrivit, de concert avec Picart, le *Contrat d'union* ou le *Duhautcours*, comédie en cinq actes et en prose, qui parut au théâtre Louvois, le 6 août 1801.

On était alors sous le Consulat. L'attention publique s'était détournée des troubles et des complots intérieurs pour se reporter sur les exploits de nos armées : on ne s'entretenait que de batailles et de victoires; on prêtait l'oreille au canon de Marengo, et les joutes littéraires, les émotions de la rampe, paraissaient fades et sans intérêt. Depuis longtemps déjà, les tragédies sanglantes de la terreur et les honteuses comédies du Directoire avaient remplacé les fictions de la scène : le théâtre était dans la rue, les personnages créaient et jouaient à la fois leur rôle, et la foule applaudissait ou sifflait les acteurs suivant qu'ils flattaient ou flétrissaient ses passions. Quand cette foule disparut, après le 18 brumaire, on était fatigué de pleurer ou de rire, et Bonaparte se chargea d'éveiller d'autres émotions. C'était donc une véritable témérité de tenter la fortune du théâtre : ceux qui l'osaient n'en faisaient qu'une question d'affaire et de profit. Picart avoue lui-même qu'il écrivait trop vite, parce qu'il était forcé de multiplier ses comédies pour soutenir la scène qu'il dirigeait. La poésie dramatique est incompatible avec les révolutions : c'est, comme la vipérine, une fleur qui ne vient que sur les vieux murs ou les terrains rassis.

Le théâtre, dit Nodier dans ses souvenirs, fut peu fréquenté pendant le paroxysme de 1793 et les années qui le suivirent ! Comment s'en étonner ? On n'avait pas besoin d'échanger un assignat contre une carte, pour aller contempler dans de froides imitations les malheurs des grands de la terre, quand ils étaient égorgés *gratis* et par centaines au milieu des places publiques. Le tribunal de M. Lamartellière était un pauvre tribunal auprès de celui dont on exécutait les arrêts en face du pont tournant ou à la barrière du Trône. Quant au plaisir de siffler de méchants acteurs et d'en applaudir de plus habiles, on s'en dédommageait avec usure en applaudissant les meurtriers et en sifflant les martyrs.

Louis-Claude avait déjà commencé à écrire pour le théâtre aux premiers jours de la Révolution. *L'homme aux sentiments*, première forme du *Tartufe de mœurs*, parut dès le 5 août 1789 au théâtre Feydeau, puis au théâtre Louvois; la pièce fut jouée assez souvent; mais, comme l'a remarqué l'auteur que nous venons de citer, « il n'est que trop facile de distinguer les jeunes auteurs qui ont perdu, à la brusque invasion des idées politiques, leur avenir et leur renommée. » Le moment était mal choisi pour débuter, et surtout pour innover. Au milieu de ces sanglantes catastrophes et de ces nouveautés parlementaires, acteurs et auteurs vécurent du passé. Le mouvement révolutionnaire a si peu développé le mouvement intellectuel qu'on peut assurer au contraire qu'il n'existe pas une époque de l'art dramatique où il soit resté plus éloigné de l'esprit de licence et d'innovation, plus fidèle aux règles et à l'exemple des classiques. « C'étaient toujours les lamentables rois du Péloponèse, les sémillants marquis de l'Œil-de-Bœuf, et ce fripon de Lafleur, comparses éternels du drame classique, un tant soit peu dépaysés dans une société mutilée et sans forme, où il n'y avait plus de valets et plus de maîtres, plus de marquis et plus de rois. C'étaient toujours Blaise ou Colin, chargé de fleurs artificielles et chamarré de rubans, qui soupirait mollement les ariettes douce-

reuses de Dalayrac et les couplets sucrés de Du-
moustier, sous ces voûtes si récemment frappées
d'imprécations et de chants de mort. Partout
ailleurs, ce contraste sacrilège aurait effrayé la
pensée et brisé le cœur. A Paris, il ne fit pas
même réfléchir : ce n'était qu'un trait de caractère [1].

Quelques années plus tard, ce n'est plus la
crainte de porter sa tête sur l'échafaud, mais celle

1. Voyez Ch. Nodier, *Souvenirs de la Révolution*,
p. 375. Nettement a tracé un tableau analogue de la littérature de cette époque. « Il n'y a point de nom, dit-il,
à donner à la littérature de cette époque sans nom. Les
auteurs dramatiques mettent tous à l'envi l'histoire de
Rome et d'Athènes aux pieds de la république une et
indivisible, tenant à prouver, pour employer leur langage, le sans-culottisme de l'antiquité. Du reste, l'intérêt
était ailleurs. L'échafaud faisait tort au drame. A côté
de ces formidables séances de la Convention, où les
vaincus descendaient de la tribune pour marcher à la
guillotine, l'intérêt des représentations scéniques pâlis-
sait. Le couperet politique avait remplacé le poignard
tragique. Une Melpomène hideuse, avinée, sanglante,
coiffée du bonnet rouge, portant sur sa pique des têtes
humaines, donnait ses représentations dans le ruisseau,
à la porte de l'Abbaye, au Carrousel, autour de l'échafaud...... C'était là qu'était le drame. Le théâtre à cette
époque n'était plus au théâtre : il était partout. C'est le
temps où Ducis écrivait à un de ses amis qui l'excitait
à travailler pour le théâtre : « Que me parles-tu de tragédies ? La tragédie court les rues. Si je mets le pied
hors de chez moi, j'ai du sang jusqu'à la cheville. »
Dans l'uniformité de ces voix qui d'un bout à l'autre de
la république se répondaient avec des souvenirs d'études
et des échos de pensées, il y avait quelque chose de la
monotonie du roulement de tambour.

de déplaire au maître et d'encourir ses rigueurs qui enchaîne la liberté des écrivains et les oblige à se traîner dans de vieilles ornières. A la terreur sanguinaire avait succédé la terreur morale, et je ne sais laquelle est plus fatale à l'élan de la pensée. Les hommes qui ne l'ont pas vu, dit Guizot, ne sauraient se figurer, et ceux qui l'ont vu ont oublié quelle était alors la timidité des esprits ; à quel point, dès que le moindre contact avec la politique se laissait entrevoir, les figures devenaient froides et les paroles officielles. Un censeur de cette époque montrait à un de ses amis certains passages d'une pièce de théâtre qu'il était chargé d'examiner : « Vous ne voyez point d'allusions, lui disait-il, le public n'en verra point ; eh bien, monsieur, il y en a, et je me garderai bien de les autoriser ! »

C'est dans cette nuit des intelligences que travaillaient encore quelques hommes dont l'histoire littéraire a recueilli les noms, mais qui avaient trouvé leurs plus beaux lauriers avant le commencement des troubles : Andrieux, l'auteur d'*Anaximandre*, des *Etourdis* et du *Souper d'Auteuil*, toujours plaisant, jamais bouffon ; toujours ingénieux, jamais bel esprit ; Colin d'Harleville, dont le *Vieux célibataire* a établi

la réputation, poète gracieux et élégant, écrivant
peu, mais soignant son style et ses effets; Picart
enfin, dont les innombrables comédies étincel-
lent de gaieté, présentent toujours des idées ou
des situations originales, des peintures vraies,
des ridicules bien saisis. Ces écrivains résument
à eux seuls le mouvement dramatique de cette
époque : ils ont habilement peint les mœurs
d'une certaine société; ils ont moins réussi à les
corriger par la profondeur dans le choix des sujets et la hardiesse dans l'exécution. C'est là l'art
suprême, mais il est si difficile qu'à peine a-t-il
été pratiqué depuis le maître de notre scène comique. Les temps ne le permettaient guère, et le
grand souffle du xviie siècle n'était plus qu'une
brise légère.

C'est avec Picart que François Chéron se lia
tout d'abord d'une étroite amitié : c'est même
sous son nom qu'il donna sa comédie, le *Contrat d'union* [1]. Cette comédie passe avec raison
pour une des meilleures pièces du recueil de
Picart. C'est l'avis de Joseph Chénier, qui remarque en elle toutes les qualités essentielles
de l'auteur comique: la gaieté, l'invention, l'art

1. Voyez M.-J. Chénier, *Histoire de la littérature.*

d'observer, l'intention prononcée de corriger les mœurs et le talent difficile de bien développer le but moral sans refroidir les scènes. Tel est aussi l'avis de M. Arnault, dans son éloge de Picart prononcé à l'Académie française. Cependant, dès 1801, une partie du public savait que Picart n'était pas le principal auteur du *Contrat d'union;* on attribuait la pièce à Louis-Claude Chéron. Cette erreur dura longtemps, et d'après le *Moniteur* du 17 janvier 1830, François se plaisait à l'entretenir, en mémoire du frère qu'il avait tant aimé. Il ne peut toutefois y avoir le moindre doute : c'est François Chéron qui fit la pièce ; Picart la revit et la signa. Qu'on nous permette de reproduire quelques documents qui feront saisir le rôle des deux amis dans cette collaboration.

C'est d'abord une lettre de François Chéron, publiée dans le *Moniteur* du 26 décembre 1829, et ainsi conçue :

« En lisant le discours que M. Arnault a prononcé à l'Académie française, je me suis senti vivement flatté du jugement qu'il a porté sur la comédie de *Duhautcours* ou le *Contrat d'union.* Cette faiblesse d'auteur que j'ai combattue toute ma vie me subjugue aujourd'hui, et il mesemble

que je me montrerais bien peu digne des éloges
d'un littérateur aussi distingué et des suffrages
de l'illustre Assemblée, si j'hésitais à réclamer la
part qui m'en appartient légitimement.

« J'avais cru devoir garder l'anonyme sur une
œuvre littéraire que tant de gens pouvaient juger
incompatible avec les travaux auxquels j'étais
alors livré, et ce ne fut qu'à l'époque où mon
ami Picart fit imprimer son théâtre qu'il me demanda si je voulais que mon nom fût ajouté au
sien.

« Depuis dix ans, j'aurais eu trop affaire de réclamer contre toutes les assertions erronées des
biographes qui ont bien voulu s'occuper de
cette comédie... il est temps, après trente années,
de détruire toutes les incertitudes, de dissiper
tous les doutes et de rendre à chacun ce qui lui
appartient.

« Je dois donc affirmer et constater les faits
suivants :

« La comédie du *Contrat d'union* a été reçue
au théâtre Louvois *sous mon nom seul*.

« Ce n'est qu'après sa réception que mon ami
Picart m'a offert l'honorable et utile coopération
de son talent.

« Picart a reconnu lui-même ce que j'avance

en écrivant aux journaux, le lendemain de la première représentation, une lettre dans laquelle il dit textuellement que « son collaborateur ou plutôt le premier auteur de *Duhautcours* était un de ses amis qui voulait garder l'anonyme, etc. »

Voici maintenant la note placée par Picart lui-même en tête du *Contrat d'union* :

« Plusieurs fois je me suis associé avec un ami pour composer un ouvrage. Celui-ci est le seul que je croie devoir placer dans mon recueil, de l'aveu de mon cher et estimable collaborateur.

« Il y a quelques années, un journaliste de mauvaise humeur contre moi, faisant un grand éloge de *Duhautcours* et trouvant la pièce meilleure que mes autres ouvrages, cherchait à élever des doutes sur mon droit à la propriété de cette comédie. M. F. Chéron se hata de répondre. Je l'en remerciai, je l'en remercie encore. Il me rend justice, il sait que, si son droit à la propriété de *Duhautcours* avait été attaqué, je l'aurais défendu avec le même empressement. »

Nous possédons enfin quelques lettres inédites adressées par Picart à son ami et qui ne laisseraient pas subsister le moindre doute, s'il y en avait encore. Nous en remarquons une dans laquelle le célèbre auteur, devenu directeur de

théâtre, nous fait connaître ses préoccupations.
« J'apprends à l'instant, mon cher ami, écrit-il,
que vous désirez qu'on ne joue pas *Duhautcours*.
Permettez-moi de vous faire remarquer que
dans ce moment-ci ne pas jouer la pièce c'est
porter un coup mortel au théâtre. Ils sont déjà
si découragés; ils craignent là dedans qu'on ne
leur retire tout à fait la pièce. Je vous députe
mes amis Walvise et Clozel, ceux qui me sont
restés les plus fidèles au théâtre de l'Impératrice.
Ils vous expliqueront mes raisons : je suis accablé d'affaires, mais je pense toujours à mes
amis et par conséquent à vous. — Picart. »

Il serait inutile d'insister davantage sur ce
point : il est temps de passer à la pièce elle-
même et d'expliquer en quelques mots son sujet.

« Au moment où nous fîmes cette comédie,
nous dit l'auteur (août 1801), quelques négociants de Paris affectaient le plus grand luxe.
Ces négociants faisaient les grands seigneurs.
Leurs maisons étaient le rendez-vous de nos généraux, de nos premiers magistrats. Seulement
la société, toujours très nombreuse, était un peu
mêlée, comme cela devait être à la suite d'une
révolution qui avait déplacé et confondu toutes
les classes. Ces négociants, encouragés par le

succès de quelques spéculations hardies, croyaient pouvoir acquérir en peu d'années une fortune égale et même supérieure à celle que les négociants prudents et sensés obtenaient jadis par vingt ou trente années de travail. Ces dépenses et cette cupidité en conduisirent plusieurs à des faillites *arrangées*. C'est ce vice, c'est ce crime (car c'en est un), que nous entreprîmes d'attaquer dans notre pièce. »

Le premier acte est tout entier dans les préparatifs d'une grande fête que Mme Durville donne à ses amis, et, dès le début, les caractères des fournisseurs, Maraschini le confiseur, Fiammeschi l'artificier, Crépon le marchand de modes, jettent une grande gaieté sur la scène; mais on prévoit déjà que le lendemain de cette fête sera lugubre, car M. Durville nous révèle l'état de ses affaires et son amitié suspecte avec un sieur Duhautcours, qui tient le rôle principal de la pièce et n'est autre qu'un agent d'affaires dont la spécialité connue est de préparer et d'organiser des faillites.

Le second acte nous fait assister à la fête de Mme Durville : rien n'y manque. Des lampions dans la cour, des verres de couleur dans les bosquets, des lanternes chinoises et des chiffres

dans le kiosque, chefs-d'œuvre de Fiammeschi!
La crème, la pistache, les ananas et la vanille,
un grand plateau avec ses quatre groupes, les
aventures de don Quichotte, les quatre parties
du monde, un Parnasse garni de ses muses, et le
désespoir de Jocrisse en sucre candi, attestent
l'habileté du confiseur. Tout réussit à souhait.
Jamais Mme Durville n'a été si parée ni si heureuse; mais déjà de fâcheux bruits circulent, et la
présence de Duhautcours à cette fête n'est pas
de nature à arrêter les mauvaises langues. La
catastrophe éclate au troisième acte et les auteurs ont su donner un vif intérêt à l'épisode de
la faillite par le contraste entre l'hypocrisie de
Duhautcours, la faiblesse de M. Durville qui dans
le fond n'est pas un malhonnête homme et la rude
franchise d'un créancier de Marseille, Franval,
lequel démasque tous les personnages et prétend
sauver son débiteur malgré lui.

L'acte quatrième est celui qui offre le plus de
mouvement. On s'aperçoit vite qu'il a été écrit
par un homme de loi. François Chéron, à cette
époque, était avocat et vivait de cette *procure*
dans laquelle son père l'avait jadis lancé. Les
scènes entre Duhautcours et ses compères sont
prises sur le vif: elles ont été évidemment notées

au palais de justice, dans les réunions de créanciers. Une des plus amusantes est celle de la rédaction et de la lecture du *Contrat d'union* : c'est elle qui assurait le succès définitif de la pièce.

La comédie se termine comme toutes celles de ce genre : l'hypocrisie est démasquée, le crime est puni et la vertu récompensée. Duhautcours est flétri et chassé par Franval, qui a racheté tous les titres de créance; Durville revient avec joie sur ses déterminations, secondé par sa femme, qui n'hésite pas à mettre sa fortune à la disposition de l'honnête Franval, et enfin la petite intrigue d'amour mêlée à l'action principale entre un neveu de Durville et la fille d'un des créanciers se dénoue par un mariage. La moralité de la pièce est exposée, suivant l'usage de l'époque, par le personnage le plus digne : « Puissent tous les vrais commerçants, s'écrie Franval, ne s'éloigner jamais de ces principes : respect au malheur; indulgence au repentir; guerre éternelle aux fripons! »

Ces tirades nous semblent naïves : depuis qu'on nous a habitués à voir en scène les passions les plus honteuses de l'homme, il nous faut d'autres couleurs et d'autres conclusions. Mais sommes-nous dans la bonne voie, et la comédie moderne poursuit-elle son vrai but : *castigare ridendo mores?*

« La pièce du *Contrat d'union*, écrit Picart lui-même, me paraît bien conduite. Les deux premiers actes me semblent comiques. Le troisième et le cinquième sont plus graves; mais notre acte chéri, c'est le quatrième. Je crois pouvoir dire franchement, après plusieurs suffrages honorables, que notre assemblée de créanciers est comique, intéressante et quelquefois effrayante de vérité. » Cette appréciation d'un des auteurs de *Duhautcours* fut confirmée par le public, car cette comédie a été jouée jusqu'à la fin de l'Empire, et souvent encore depuis cette époque, avec un grand succès. C'est ce qui prouve, ainsi que nous le disions plus haut, que si la Révolution n'avait jeté François Chéron d'abord dans la détresse pécuniaire, puis dans les agitations politiques, dans les complots et dans les prisons, il eût été de ceux qui continuèrent en sous-ordre les bonnes traditions littéraires.

Presque à la même époque, son frère présentait au Théâtre-Français sa grande pièce en vers, sous un titre nouveau : *le Tartufe de mœurs* (14 germinal an XIII). Le *Moniteur* nous apprend com-

ment elle passa du théâtre Feydeau au Théâtre-
Français : « Deux acteurs se sont accordés à reconnaître qu'ils pouvaient remplir dans cette
pièce deux rôles avantageux. Ils ne se sont pas
trompés. La pièce vient de prendre le rang
qu'elle méritait parmi les plus estimées du répertoire moderne... Ce qu'on remarque en écou-
tant *le Tartufe de mœurs*, c'est un grand mérite
de style. La versification de l'auteur est élégante et correcte; le tour en est facile, le ton
égal et soutenu. Certaine scène des portraits
de famille est écrite avec beaucoup de verve et
renferme des détails très piquants et de bons vers
de comédie. La pièce a été constamment et unanimement applaudie. L'auteur, demandé avec
instance, déclarait, par l'organe d'un acteur, qu'il
désirait garder l'anonyme. *Il a tort!* s'est écrié
le parterre. Dès lors, les instances se sont renouvelées avec tant de force que M. Chéron a dû
consentir à ce qu'on le nommât [1].

Ce succès n'a pas empêché Chénier de se montrer sévère pour *le Tartufe de mœurs*. Il critique surtout le titre de la pièce. « Comment
l'auteur, dit-il, qui sous d'autres rapports était

1. *Moniteur*, an XIII, p. 830.

un homme de beaucoup de mérite, a-t-il rappelé dans le nouveau titre de sa pièce le chef-d'œuvre de tous les théâtres comiques? Shéridan n'avait pas eu cette imprudence; un Français, au lieu de provoquer le parallèle, aurait dû le fuir avec une crainte respectueuse; et l'écrivain dont nous parlons, doué d'une raison très saine, était plus en état que personne de sentir les dangers d'une concurrence impossible à soutenir. » Il accorde toutefois que la pièce a réussi; les centaines de représentations qu'elle obtint successivement le forçaient d'en convenir.

Ce que Louis-Claude Chéron a voulu flétrir, c'est l'hypocrite de sentiments, celui qui pose devant la foule pour la pureté de mœurs, la sagesse, la bonté, la dignité de la vie, et qui cache sous ce masque l'égoïsme profond, l'avarice sordide et la dureté envers les malheureux. Ce vice est commun, mais difficile à rendre : il échappe plus à l'observation que l'hypocrisie religieuse; il est aussi plus aisément pardonné et, partant, plus redoutable pour l'auteur qui cherche à le rendre odieux sur la scène. C'est un grand honneur que d'y avoir réussi.

Voici le sujet de la pièce :

Valsain, le Tartufe de mœurs, a un frère nommé

Florville, qui lui ressemble peu ; le caractère de
celui-ci est plein de franchise et de gaieté ; il
perd sans regret son argent, et il emprunte à tous
les usuriers. Ses passions sont vives, son cœur
reste excellent. Cependant tous deux sont amoureux de Julie, la fille de Gercour. Valsain se flatte
de l'obtenir, grâce à l'influence qu'il a su prendre
sur son père, et déjà la jeune fille lui est promise ; Florville est désespéré, car il sait que
Julie l'aime et ne consent qu'à regret à épouser
son frère. Tout à coup, on apprend que l'oncle
des deux jeunes gens, Sudmer, sur l'héritage duquel ils ont compté jusque-là, arrive de la Flo-
ride, avec l'intention de les éprouver l'un et
l'autre et de léguer son immense fortune à celui
des deux qui en sera digne. La servante Marton
entre seule, avec le public, dans la confidence,
et nous sommes sûrs que le secret sera bien
gardé, car Marton est une fille sage et fidèle, qui
depuis longtemps sait à quoi s'en tenir sur les
vertus de Valsain. Sudmer se donne d'abord pour
un usurier du nom d'Alexandre ; il va, en cette
qualité, trouver Florville, toujours en quête d'argent. Cette scène est très plaisante ; c'est une des
meilleures de la pièce.

L'oncle Sudmer sort enchanté de son entrevue

avec Florville : il est moins heureux avec Valsain, qui l'éconduit vivement quand il lui demande quelques secours en se donnant pour un cousin de leur mère. L'acte IVe est encore le plus heureux de cette comédie. Tous les personnages se rencontrent dans la bibliothèque de l'homme à sentiments : Mme Gercour, qui a prêté l'oreille aux galanteries de Valsain, est cachée derrière un paravent, et Gercour lui-même dans un cabinet. Florville et Sudmer entrent sur ces entrefaites, et l'hypocrite n'est sauvé que grâce à la présence d'esprit et à la loyauté de son frère. Ces situations tendues et ces coups de théâtre tiennent le spectateur dans l'anxiété et précipitent le dénouement. Toutes les ruses de Valsain sont déjouées ; son hypocrisie, sa fausseté, ses perfidies sont mises à jour, et il est chassé honteusement, tandis que son frère est institué héritier de Sudmer et obtient la main de Julie. C'est donc encore la morale qui reprend à la fin ses droits.

Le Tartufe de mœurs ne fut pas la seule pièce de théâtre écrite par Louis-Claude Chéron. Quand il mourut, en 1807, il en avait deux autres reçues au Théâtre-Français, mais elles ne furent jamais jouées et disparurent dans les cartons.

A partir de cette époque, les deux frères se rencontrèrent souvent dans la société des auteurs, jusqu'au jour où Louis-Claude accepta la préfecture de la Vienne. François fut même, pendant un assez long temps, un des administrateurs du Vaudeville, ainsi que le prouve le petit récit qui va suivre. Nous le reproduisons avec la chanson de table qui l'accompagne, parce qu'il nous fait voir sous un aspect original cette société renaissante, qui se reprenait à chanter et à rire, pendant que le canon retentissait d'un bout à l'autre de l'Europe :

« Les seuls assignats dont j'aie tiré quelque profit sont ceux que j'ai employés en 1795 en acquisition d'actions sur le petit théâtre du Vaudeville. Je fis partie pendant dix ans de l'administration de ce théâtre, et à ce titre je faisais aussi partie de la société des *Dîners du Vaudeville*. Ces dîners étaient composés des meilleurs auteurs de ce théâtre, dont chacun apportait son contingent d'une chanson. Quoique les administrateurs fussent membres non chantants de cette société, j'osai un jour mêler ma faible voix à celle des maîtres, et ma chanson, qui eut alors un grand succès, fut imprimée dans les journaux et dans plusieurs recueils :

MOLIÈRE.

Salut, santé,
Eternelle gaieté,
Joyeux enfants du Vaudeville !
Le dieu des vers
Veut-il à vos concerts
Admettre une muse stérile ?
Il me donne aujourd'hui
Un grand nom pour appui :
Pardon, amis, en faveur de Molière,
Si par un faux zèle inspiré
En chanson j'ai défiguré
Son génie et son caractère...

Contre les sots
Toujours à propos
Armé du fouet du ridicule,
De notre temps
Que de petits talents
Il aurait f..... sans scrupule !
Du goût, des bonnes mœurs
Infâmes corrupteurs,
Il eût flétri votre lâche insolence !
Fléau de tous les auteurs nains,
Des X... comme des Cotins
Molière aurait vengé la France !

Mes chers amis,
Voulez-vous être admis
Au temple où préside Thalie ?
Par les *Valets*
Il faut avoir accès
Sous le masque de la folie.
Sganarelle et *Scapin*
Vous montrent le chemin ;
De *Mascarille* empruntez le génie,
Et surtout, avant que d'entrer,
Ayez soin de vous éclairer
De la lanterne de *Sosie* !...

Un chansonnier,
Encor faible écolier,
Avoir osé chanter Molière !...
Oui, j'ai bien tort,
Amis, j'en suis d'accord,
Mais faites grâce au téméraire !
Et puisqu'un vieux couplet,
Que le cœur avait fait,
A de Molière échauffé le génie,
Amis, buvons en son honneur,
Et répétons gaîment en chœur
Le refrain : *J'aime mieux ma mie !*

Il est temps de revenir à la vie intime de François Chéron et d'étudier à la lumière de ses récits la société française sous l'Empire.

CHAPITRE VII

Nous voici parvenus aux premiers jours du
siècle. Les Chéron voyaient s'enfuir leurs
espérances de restauration monarchique ; ils s'atta-
chaient à l'éducation de leurs fils, jouissaient
de leur réputation littéraire, et pouvaient croire
que la fin de leur vie s'écoulerait tranquille
et douce, loin des alarmes et des préoccupations. Il ne devait pas en être ainsi ; c'était au
contraire le moment des suprêmes épreuves. Il
semble que la génération de 1789 ait été con-
damnée au malheur et à l'expiation : la main de
Dieu, appesantie sur la France, frappait des

mêmes coups tous ses enfants, innocents ou coupables. Les récits de François vont nous faire assister à ces tristes événements.

« C'était, dit Sainte-Beuve, l'heure où la société renaissait, et bien des salons offraient aux exilés et aux naufragés de la veille les jouissances si désirées de la conversation et de l'esprit. Il y avait les cercles philosophiques ou littéraires de M. Suard, de Mme d'Houdetot, et celui de l'abbé Morellet, que tenait sa nièce, Mme Chéron. Là dominaient, à proprement parler, les gens de lettres et les philosophes, continuateurs directs du dernier siècle. Il y avait aussi les salons du monde proprement dit, d'une composition plus variée et plus diverse. Le coup de soleil qui suivit le 18 brumaire s'était fait sentir mieux qu'ailleurs dans ce coin du monde : on aimait, on adoptait avec bonheur tout génie, tout talent nouveau, on en jouissait comme d'un enchanteur; l'imagination avait refleuri, et on aurait pu inscrire sur la porte du lieu le mot de M. Joubert : « L'admiration a reparu et réjoui une terre attristée [1]. »

Chéron nous a laissé, lui aussi, une courte description de cette époque :

1. Voir les *Lundis* de Sainte-Beuve, Ier vol., p. 132.

« C'était en 1800. Il y avait peu de temps que Bonaparte avait été proclamé premier Consul. Les brillantes espérances qui s'attachent toujours à un nouveau gouvernement occupaient tous les esprits. Avec la sécurité que garantit un pouvoir robuste et ferme, on voyait renaître dans la société une aisance, un éclat et, je ne dois pas le taire, un sentiment de repos qui nous était depuis longtemps étranger. Ceux même qui n'aimaient pas Buonaparte (et j'étais de ce nombre) étaient forcés de reconnaître qu'il avait relevé la dignité de la France et que son autorité protectrice les préservait des fureurs de l'anarchie. Une grande activité régnait dans le commerce et dans les affaires et devenait la source de fêtes et de plaisirs auxquels on ne craignait plus de se livrer. »

M. Guizot, enfin, dont les souvenirs étaient si précis, nous a souvent entretenus de ces premières années. « Le salon de l'abbé Morellet (et de Mme Chéron), celui de M. Suart, celui de Mme d'Houdetot étaient presque les seuls asiles où l'esprit du vieux siècle se déployât encore à l'aise et en vérité : non que sa mémoire ne fût en grand honneur ailleurs et que beaucoup de gens ne fissent profession de lui appartenir ; comment les hommes nouveaux auraient-ils renié le XVIIe siècle ? Mais qu'ils étaient loin de lui ressembler ! La politique les absorbait, la politique pratique, réelle; toutes leurs pensées, toutes leurs forces étaient incessamment tendues soit vers les affaires du maître, soit vers les leurs propres; point de méditation, point de loisir; du mouvement, du travail et du mouvement. Le XVIIIe siècle aussi s'occupait fort de politique, mais comme étude, non comme affaire, en se promenant, pour ainsi dire, non en traînant la charrue; elle tenait beaucoup de place dans les esprits, peu dans la vie; on réfléchissait, on dissertait, on projetait beaucoup; on agissait peu [1]. »

C'est dans ce milieu que vivaient alors Louis-Claude et François Chéron. Mme L. Chéron recevait tous les jeudis et la présence de l'abbé Morellet attirait chez elle une société choisie. On se réunissait tous les mardis et tous les samedis chez M. Suard, et tous les mercredis chez Mme d'Houdetot. Celle-ci donnait à dîner à un certain nombre de personnes invitées une fois pour toutes et qui pouvaient y aller quand il leur plaisait. Point de recherche, point de bonne

---

1. Voyez *Monsieur Guizot dans sa famille,* par Mme de Witt, p. 28.

chère, raconte M. Guizot; ces dîners n'étaient qu'un moyen, nullement un but de réunion. Après le dîner, assise au coin du feu, dans son grand fauteuil, le dos voûté, la tête inclinée sur sa poitrine, parlant peu, bas, remuant à peine, Mme d'Houdetot assistait en quelque sorte à la conversation, sans l'exciter, point gênante, point maîtresse de maison, bonne, facile, mais prenant à tout ce qui se disait, aux discussions littéraires, aux nouvelles de société ou de spectacle, au moindre incident, au moindre mot spirituel, un intérêt vif et curieux : mélange piquant et original de vieillesse et de jeunesse, de tranquillité et de mouvement.

A cette époque, Mme d'Houdetot était presque octogénaire, et elle se plaisait dans la société de femmes d'esprit jeunes et distinguées, comme étaient Mme de Rémusat et Mme Chéron. Elle aimait à leur raconter ses souvenirs du xviiie siècle et ses relations avec les philosophes. Elle ne vivait plus que dans le passé, mais elle donnait à ce passé un caractère aimable. C'est le mérite des vieilles femmes spirituelles de nous faire regretter le temps où elles étaient jeunes. « J'ai passé la semaine dernière chez Mme d'Houdetot, écrivait Mme de Rémusat en 1809 ; elle était seule avec Mme Chéron. J'étais là fort bien, je vous assure. Cette aimable vieille anime tout autour d'elle.... Il y a tant de cœur dans ses souvenirs et dans sa conversation ! Nous l'avons fait beaucoup conter. Elle était à son aise ; elle se fiait à nous, car elle était bien sûre que nous l'entendrions comme elle voulait être entendue, et n'est-ce pas la base de toute confiance ? Que vous avez raison d'aimer les vieilles femmes ! »

Mais ces plaisirs délicats ne pouvaient suffire à l'activité des enfants de Marin Chéron. Louis-Claude perdit patience : il accepta, en 1805, les fonctions de préfet de la Vienne et quitta Paris pour n'y plus revenir. Mais à peine eut-il pris possession de son hôtel préfectoral qu'il regretta sa décision. Sa femme chercha en vain à le distraire en réunissant autour d'elle, comme dans la capitale, un groupe d'esprits charmants ; en vain aussi fonda-t-elle à Poitiers des œuvres excellentes, comme celle de la maternité, l'auteur du *Tartufe de mœurs* ne put vaincre son ennui. Il nous en a laissé l'expression dans une petite pièce pleine de sentiment que nous retrouvons parmi les papiers de son frère et dont voici quelques strophes :

AUVERS

Couplets chantés par M. L.-C. Chéron à sa femme, le 20 septembre 1806,
anniversaire de leur arrivée à Poitiers.

AIR : *Combien j'ai douce souvenance !*

C'est aujourd'hui Saint-Nicodème !
N'en fus-je pas un grand, moi-même,
D'avoir quitté mes doux labeurs
      Que j'aime,
Pour ce que l'on nomme grandeurs,
      Honneurs !

Sans craintes, sans soucis funestes,
Nous goûtions des plaisirs célestes
Quand nous entendions les concerts
      Agrestes
Des hôtes de nos arbres verts
      D'Auvers !

Je sais bien que loin de la ville
L'habitant d'un obscur asile
Ne peut pas trouver le moyen
      Facile
De pouvoir faire le bien
      Si bien !

Faire le bien est douce chose !
Mais souvent au bien que l'on ose
La politique ou l'intérêt
      S'oppose !
Le sage tient le bien qu'il fait
      Secret.

O mes champs, quand vous reverrai-je ?
D'un doux repos quand jouirai-je ?
Quand prendrai-je sous mon berceau
      Un siège
Pour voir passer un grand bateau
      Sur l'eau ?

On voit que le préfet-poète ne se faisait pas
d'illusions sur les attraits des fonctions publiques; on voit aussi qu'il n'avait accepté ces honneurs que dans l'espoir de s'en servir pour faire
quelque bien autour de lui; mais ses occupations
n'allaient pas à son caractère. Un homme de
lettres ne peut être bon préfet qu'à la condition
de se faire violence à lui-même et d'étouffer tous
les mouvements de son imagination. Louis-
Claude Chéron fut un excellent administrateur,
les papiers publics et les documents privés en
témoignent; mais il succomba à la tâche. Sa
santé s'altéra dès les premiers jours de l'année
1807, et il mourut, presque subitement, le
13 novembre. Voici comment l'abbé Morellet,
dans ses Mémoires, raconte cet événement :

« Vous aurez appris, par les papiers publics,
la mort du pauvre Chéron, mon neveu, préfet de
Poitiers, enlevé à quarante-neuf ans par une
fièvre bilieuse. Sa femme était venue avec son
enfant et sa sœur passer six semaines chez moi,
aux sollicitations pressantes de son mari. En
partant, elle avait exigé de son cousin, le
deuxième fils de Marmontel, secrétaire particulier du préfet, de venir la chercher en toute
diligence, si son mari tombait malade. Au com-

mencement de novembre, elle avait terminé avec succès quelques démarches dont son mari l'avait chargée près des ministres, et je comptais jouir plus librement de sa société pendant la quinzaine qu'elle pouvait encore me donner lorsque j'ai vu arriver mon neveu Marmontel, venu en trente heures de Poitiers. Ma pauvre nièce est frappée comme d'un coup de foudre et agitée par les plus sinistres pressentiments. Elle part sans perdre un instant le lundi à deux heures, va jour et nuit, arrive le mardi à onze heures du soir à Châtellerault, à dix lieues de Poitiers. Là, le sous-préfet, prévenu par un courrier de l'évêque, l'arrête et se voit forcé de lui apprendre le funeste événement, qui ne lui permet pas d'aller plus loin. Son mari était mort le matin de ce jour-là même. Figurez-vous cette douleur si vous pouvez. Enfin elle se remet en voiture et revient chez moi où elle est depuis le 15 octobre, dans un état à faire pitié et repoussant toute consolation. »

Ainsi mourut cet homme, qui dans des temps plus calmes aurait certainement pris place parmi nos bons écrivains. Il fut, comme la plupart de ses contemporains, une victime de la Révolution, en ce sens qu'elle l'empêcha de déployer à l'aise ses talents naturels. Son fils épousa en 1832 une demoiselle d'Arquinvilliers, et continua les traditions d'honneur et de désintéressement qu'il avait reçues de son père et de son grand-père [1].

Presque en même temps, François Chéron était frappé dans ses plus chères affections : il perdit coup sur coup ses deux fils; ses récits témoignent de la douleur qu'il éprouva :

« Je l'ai senti, s'écrie-t-il, ce plaisir, ce bonheur ineffable d'avoir un fils! O mon enfant, premier-né de nos amours, comme tu nous aimais et comme nous te chérissions! Que de pleurs ta perte nous a coûtés!

« C'est le 29 juillet 1801 que j'ai perdu Auguste : six jours après, son frère n'était plus! Les chagrins violents ont pour résultat de désenchanter la vie, en nous rendant insensibles à cette foule de petites jouissances qui en animaient et en embellissaient le cours! Après cette séparation de nos deux chers enfants, une profonde tristesse s'empara de nous. Les soins de l'amitié pouvaient seuls parvenir à nous distraire. Nous

1. De ce mariage naquit M. Alphonse Chéron, à l'obligeance duquel nous avons dû plusieurs renseignements importants et des documents précieux. Nous lui adressons ici nos vifs remerciements.

évitions toute nouvelle société, et plus de quatre années s'écoulèrent ainsi... »

Ce n'est en effet qu'un peu plus tard que François Chéron reprend ses récits; mais le ton n'en est plus le même. On sent que sa vie est brisée et que son âme est abattue par l'épreuve. Ceux qui ont connu de telles douleurs comprendront son découragement :

« Après la perte cruelle que je fis de mes enfants, l'appartement que nous occupions depuis six ans, rue Sainte-Anne, nous était devenu odieux. Nous nous empressâmes d'en sortir, et notre nouveau domicile fut rue Saint-Marc. Le propriétaire était un huissier enrichi qui ne nous plut guère; mais nous étions trop occupés de notre douleur pour mettre quelque prix au choix de notre voisinage. Nous entrâmes donc dans notre nouveau logis bien déterminés à vivre très isolés et sans aucun souci de nos voisins.

« Cependant Dieu nous réservait dans cette résidence, sinon des consolations (il n'en est pas pour de pareilles afflictions), du moins quelques soulagements que nous étions loin d'espérer.

« Nous occupions l'un des appartements du premier étage de cette maison, et nous ne tardâmes pas à connaître les noms des locataires des deux appartements du second. Dans le plus beau étaient logés M. et Mme de Brassac, celle-ci veuve du lieutenant général de Cormainville; l'autre appartement, très modeste et en mansarde sur la cour, était occupé par M. Lenoir, ancien lieutenant général de police du royaume...

« Des rencontres, des politesses, quelques mots obligeants, de petits services de voisinage rendus avec grâce, firent naître à nos voisins le plus vif désir de se lier avec nous. Notre résistance fut longue, et ses motifs ajoutèrent à la bienveillance qu'on nous témoignait. On redoubla d'instances pour nous distraire de nos profonds chagrins. Enfin les sollicitations devinrent si pressantes que notre refus aurait pu devenir injurieux. Nous cédâmes : les liaisons se formèrent. Fortifiées par l'estime, elles devinrent amitié, puis intimité, et les six années que nous avons passées rue Saint-Marc peuvent être comptées parmi les moins pénibles de notre vie.

« Je ne pourrais donner qu'une faible idée de la haute considération dont ma femme jouissait dans cette société. Il n'est pas une des personnes qui la composaient qui n'ait mis le plus grand prix à son amitié. Chacun lui demandait des avis, l'honorait de ses confidences; elle avait subjugué

MADAME FRANÇOIS CHÉRON

ET SON FILS AÎNÉ

tous les cœurs par la franchise et la noblesse de
ses manières, par la solidité de son jugement, la
sûreté de son commerce, et cette cordialité que
personne ne posséda jamais à un égal degré avec
ceux qui l'aimaient. Mme Lenoir est la seule
des amis de la rue Saint-Marc qui lui ait survécu...

« M. et Mme Lenoir habitaient pendant la belle
saison une maison de campagne à Crosne, petit
village près de Villeneuve-Saint-Georges. Nous y
étions reçus comme leurs propres enfants. Ma
femme y passait tous les ans deux ou trois mois.
Le jour de la Saint-Jean, fête de M. Lenoir, il
y avait grande réunion à Crosne. M. Ferrand,
auteur de l'*Esprit de l'histoire*, et plusieurs autres anciens magistrats, échappés aux fureurs de
la Révolution, ne manquaient pas de venir honorer leur vieil ami.

« C'est au milieu de cette vénérable société que,
le 24 juin, j'osai risquer de chanter quelques couplets qui obtinrent le plus précieux des succès,
celui d'un attendrissement qui se prolongea longtemps et a fait souvent répéter à la bonne
Mme Lenoir : « Ce jour a été le plus doux de ma
vie. » On peut donc bien me pardonner d'en
avoir aussi gardé un délicieux souvenir. »

Les couplets que Chéron chanta ce jour-là devaient, en effet, émouvoir les survivants des anciens parlementaires, car ils rappelaient adroitement leur antique probité et leurs longs services. Peut-être même quelque trait un peu trop flatteur se glisse-t-il au milieu des autres. N'est-ce pas la résistance turbulente des parlements aux édits présentés par Louis XVI qui a entravé l'exécution des réformes, excité les esprits et hâté la réunion des États généraux? Mais, en 1805, on était encore loin d'analyser, comme nous pouvons le faire aujourd'hui, les causes morales qui avaient préparé la chute de la monarchie.

Un peu plus tard, vers 1807, François célébrait avec quelques amis le mariage de sa voisine, Mlle Zoé de C***, et chantait encore, suivant sa vieille habitude, quelques couplets qui rappellent le souvenir déjà lointain de ses premières années :

> Que j'aime les fêtes de famille
> Et les bonnes gens
> Du bon vieux temps !
> C'est là que la gaieté brille
> Avec l'accord si touchant
> Du sentiment !

La même pensée lui inspirait une de ses
meilleures chansons, composée pour « un ami,
non pas de cœur, mais de société, » riche célibataire, gai et spirituel :

> Aux festins des riches, des grands,
> C'est l'ennui qui préside ;
> Mais la gaieté réside
> Dans les banquets des bonnes gens !
> Vieille simplesse,
> Franche et vive allégresse,
> Vous fuyez les brillants salons,
> Mais vous inspirez nos chansons.
> A vos leçons
> Dociles, nous devrons
> Encor des jours prospères,
> Comme en avaient nos pères !

En écrivant ces couplets, F. Chéron se rendait
très bien compte du désœuvrement de sa vie.
Les carrières politiques et administratives lui
étaient fermées, et comme écrivain il rencontrait
partout la terrible censure impériale, qui décou-
rageait les plus intrépides. Aussi, repoussé de
tous les points où il pouvait réussir, et perdant
un peu trop tôt l'espérance, laissait-il échapper
ses plaintes :

« Qu'ai-je fait, écrit-il, pendant quinze ans ?
Des chansons, quelle pitié ! Mais telle est peut-
être la déplorable destinée de l'homme malheureux. Plus une traversée est féconde en accidents,

plus le navigateur éprouve le besoin d'échapper à de sinistres contemplations. Il chante pour se distraire, il chante par peur, il chante quand le péril est passé; les combats, les tempêtes, les naufrages, rien ne l'arrête, il chante. Eh! qui pourrait lui envier un pareil sort? Ces chants, ce n'est pas de la joie, c'est de la fièvre ou du délire. La douleur, les regrets, n'ont-ils donc pas aussi leurs chants, chants funèbres, exhalés des profondeurs de l'âme et dont les accompagnements sont les larmes? »

Cependant, à cette même époque, François Chéron trouva une voie nouvelle dans laquelle il devait promptement réussir et conquérir une sorte de célébrité. Il se livra à la critique littéraire et jugea avec indépendance et bon goût, tantôt dans la *Gazette*, tantôt dans le *Moniteur*, les pièces de théâtre et les ouvrages nouveaux. C'est à cette circonstance que nous devons d'avoir conservé une grande quantité de lettres inédites, écrites par tous les écrivains du temps et qui offrent parfois un vif intérêt. Ses relations s'étendirent aussitôt : il connaissait déjà depuis longues années les auteurs dramatiques qui l'avaient précédé dans la carrière; sa bonté le porta à aider les jeunes gens de ses conseils, et il fut pour eux un guide affectueux et éclairé. Ce rôle devait s'accentuer sous la Restauration, mais déjà nous pouvons le voir à l'œuvre.

Un jour, c'est Luce de Lancival, l'auteur de la tragédie d'*Hector* et du poème d'*Achille à Scyros*, futur membre de l'Académie française, qui réclame ses avis. « Voilà mon dernier-né, écrit-il, que je confie au goût et à l'amitié du plus aimable des hommes; l'un en découvrira les défauts, et l'autre m'aidera à les corriger..... Tous ces projets sont encore bien confus dans ma tête, mais mon maître voudra bien débrouiller le chaos. J'attends ce service de sa complaisance et de ses lumières, et je le prie d'agréer l'assurance de mon inviolable attachement. 1ᵉʳ juillet 1806. »

Un autre jour, c'est M. Soumet, le futur auteur de *Clytemnestre* et de *Jeanne d'Arc*, qui publiait alors ses poèmes didactiques et qui demandait en ces termes l'appui du critique : « Je dois à vos encouragements les premières émotions de la gloire : c'est ce qui m'enhardit à soumettre à votre jugement quelques odes que je vais publier... Les affaires m'ont trop fait oublier les muses, mais elles ne me feront jamais oublier votre aimable indulgence et la reconnaissance que je dois à votre parfaite bonté. Je prends aussi la liberté de vous offrir la nouvelle édition de mon poëme (*L'Incrédulité*), dédié à Madame mère : vous lui aviez offert un asile avant que la protectrice des orphelins l'eût adopté (1809). »

Un peu plus tard, c'est Campenon, c'est Amar, l'auteur du *Cours complet de rhétorique*, qui le prennent pour arbitre ; mais les plus curieuses lettres de ce dossier sont celles de M. Adrien de Sarrazin, qui débutait alors et dont F. Chéron soutenait avec une indulgente attention les premiers pas. Il s'agissait de la représentation de la comédie *L'auteur et le critique* : « Nous touchons au jour fatal, écrit le jeune auteur à son vieil ami ; je ne m'en croyais pas encore si près, et je vivais dans une grande sécurité. Est-ce qu'il serait possible que je fusse sifflé ? En vérité, j'en serais bien fâché, car vous vous seriez donné bien de la peine pour un triste résultat. Mais je sais combien il est rare que deux ou trois mille personnes puissent s'entendre sur un même objet. Tout le monde s'entendra-t-il pour applaudir votre pupille ? De grâce, Monsieur Chéron, si vous croyez que ma pièce ne répond pas aux soins que vous vous êtes donnés, retirez-la... Pour parler sans figure si vous pensez qu'il y ait pour vous quelque motif de redouter la chute d'un ouvrage que vous avez si hautement approuvé, je vous laisse carte blanche pour l'abandonner. Je ne viendrai point à Paris pour l'époque de la première représentation. Si j'ai un bonheur complet, j'ai le désir d'être nommé, parce que j'ai le projet de donner d'autres ouvrages. Si je ne suis heureux qu'à moitié, je crois qu'un demi-bonheur doit se goûter en silence; si je tombe à plat, je pense que le malheur doit garder l'incognito. Ce qui me flatterait le plus dans le succès, ce serait de pouvoir dire hautement tout ce que je vous dois; être forcé de le taire serait trop pénible pour moi. »

De vives amitiés, fondées sur les services et la reconnaissance, s'établissaient entre les auteurs et le guide qui les encourageait. C'est ainsi qu'il faut comprendre le vrai rôle du critique : au lieu d'abattre les courages et d'étouffer l'ardeur des écrivains sous le poids de sa sévérité, c'est à lui de les exciter ou de les calmer suivant les circonstances, de soutenir leur confiance, de les consoler dans la défaite, de les avertir dans la victoire, de travailler, en un mot, non pour lui-même, mais pour eux. Quand on l'entend de cette façon, la critique n'est pas aisée, mais elle est bonne et profitable.

Parmi ces amitiés littéraires, François Chéron en comptait une qui ne se prodiguait pas, celle du farouche Étienne, de l'Académie. C'étaient chaque jour de nouvelles boutades, des froideurs sans raison, de mesquines susceptibilités. Étienne a laissé la réputation d'un caractère détestable et d'un mauvais confrère : au fond cependant, c'était un cœur dévoué, que la souffranee avait aigri. On peut en juger par ces intéressants extraits d'une lettre qu'il écrivit à Chéron en 1812 :

« Figurez-vous, mon ami, les chagrins de toute espèce, les tribulations de tout genre auxquels j'étais en proie, et vous pardonnerez peut-être à la douleur ce que vous avez l'air d'attribuer à l'ingratitude. Mon amitié n'est peut-être pas aussi démonstrative que beaucoup d'autres, mais elle n'en est que plus vraie et que plus sincère. Il y a de faux amis comme de faux dévots, et ce sont toujours ceux qui font le plus de grimaces. Cette tiédeur, je vous le jure, n'est qu'apparente, et le foyer intérieur est d'autant plus chaud. Cette réserve, cette sauvagerie même, si vous voulez l'appeler ainsi, sont le fond de mon caractère. J'ai cherché vainement à les vaincre. J'étais le même quand j'étais pauvre, et on ne m'en faisait pas de reproche; je suis un peu plus favorisé par la fortune, et on dit que je suis fier. Non, mon cher Chéron; on me connaît mal, et j'en appelle volontiers là-dessus à mes plus anciens amis... Je ne suis pas bien vieux, mais je connais assez les hommes pour ne m'être point trompé sur ma position.

« Le jour où je suis entré au *Journal de l'Empire*, je n'avais pas un ennemi. On m'a mis en présence de tous les amours-propres, et je me suis attiré des haines particulières, mais je défie le plus acharné de mes persécuteurs de m'accuser en face d'une noirceur ou d'une mauvaise action. Ah! s'il est vrai que je vous ai montré de la froideur, je suis bien coupable, et je vous proteste, mon cher ami, que je me maudis franchement de vous avoir si mal témoigné ce que je ressens si bien. Je vous en demande pardon, et je vous jure la main sur le cœur qu'il n'est personne au monde dont j'estime plus le talent et la loyauté, dont j'aime mieux le noble et excellent caractère, personne enfin dont je sois plus fier d'être l'ami. Soyez homme à venir dîner à Ville-d'Avray, et venez chez moi comme je voudrais aller chez vous, à tout moment, à toute heure, comme chez un vrai et franc camarade.

« Paris, 26 mai 1812. »

Les années s'écoulaient ainsi dans un commerce agréable avec des esprits éclairés et quelques hommes de situation plus haute, tels que M. de Bourgoing, notre ambassadeur à Dresde [1]. F. Chéron n'espérait plus la chute de l'Empire, mais il maudissait le régime qui le tenait dans

1. M. de Bourgoing a été l'un des plus fidèles amis de François Chéron. Il lui écrivait en 1808 : « Dresde, le 24 juillet. La lecture de votre lettre, mon digne et malheureux ami, a été pour toute ma famille la cause d'un véritable chagrin. Nous nous sommes dit à l'envi : Comment, avec tant de moyens de succès, éprouver tant de contrariétes et de désappoints ? Comment avec tant d'intelligence, de connaissance des affaires et des hommes, avoir tant de peine à se tirer de pair, tandis qu'on voit un si grand nombre de sots et de fripons qui prospèrent ? Faut-il donc, en s'étayant d'un exemple très imposant, croire absolument à *l'étoile* ? Ne soyons pas au moins superstitieux à demi, et croyons aussi que cette étoile change, quand elle est mauvaise pendant quelque temps... Nous avons possédé ici Mme de Staël. Elle ne s'y est occupée que de beaux esprits, réels ou présumés. Elle va nous donner quelque volume sur la littérature allemande et aura pour contradicteurs, je le crains bien, toute la France, excepté Villers, Vanderbourg et moi. Je ne vous excepte pas, n'ayez pas peur : vous avez le goût trop sévère pour admirer comme nous, presque sans restriction, les Gœthe, les Schiller, et les Wieland... *Vale et nos ama sicut diligimus te et tuos.* »

l'impuissance. Les plus belles années de sa vie se perdaient dans l'oisiveté, et il rongeait son frein avec impatience. Nous allons le voir tout à l'heure sortir de son silence et rentrer dans les luttes politiques : il y perdra une troisième fois sa liberté, mais il aura la joie de voir enfin restaurée cette monarchie dont il avait toute sa vie attendu le retour.

CHAPITRE VIII

FRANÇOIS Chéron n'avait jamais accepté l'Empire. Pendant que Napoléon foulait à ses pieds l'Europe et promenait ses aigles de Madrid à Moscou, il gardait au fond de son cœur le souvenir des belles et tranquilles années du règne de Louis XVI; plus il vieillissait, plus il apprenait à connaître les hommes et les choses de la Révolution, et plus il détestait les régimes violents ou despotiques qui avaient remplacé la monarchie traditionnelle. En 1813, il ne sut pas contenir sa colère, et le vase où tant de fiel s'accumulait depuis vingt ans déborda tout à coup.

C'est à cette époque qu'il composa une chanson intitulée la *Fuite de Russie*, dans laquelle il eut le courage d'attaquer en face le maître du jour. Son audace lui coûta cher, mais il ne la regretta pas quand il vit qu'elle contribuait à éclairer les esprits. Les récits de François Chéron nous indiquent en quelles circonstances sa chanson fut composée.

« La *Fuite de Russie*, dit-il, a été composée, copiée et répandue dans les divers quartiers de Paris au mois de décembre 1812, peu de jours après l'épouvantable catastrophe qui anéantit l'armée française. Ce désastre, où la main de Dieu était si visiblement empreinte, loin d'émouvoir Buonaparte, ne l'avait rendu que plus impudent et plus fourbe. L'indignation et le mépris qu'il m'inspirait ne pouvaient se contenir, et je pensai que ce roi de théâtre ne méritait plus que d'être chansonné jusqu'au jour que le ciel aurait marqué pour son châtiment.

« Cette chanson a circulé dans les camps, les casernes, les corps de garde, les lycées, les ateliers. Partout elle a trouvé les esprits disposés à tourner en dérision le *César de hasard* qui s'y trouve signalé. D'abord copiée à la main avec

les précautions les plus mystérieuses, elle a été
depuis imprimée à plus de 100,000 exemplaires :

LA FUITE DE RUSSIE

(AIR : *Il était un p'tit homme !*)

S'esquivant de Russie,
Et plus rapidement
Que le vent,
Sa Majesté transie
Arrive incognito
En traîneau !

Gai gai, mes amis, soyons réjouis !
Chantons Napoléon !
C'est un héros (*bis*) à mettre à Charenton !

Il laisse son armée
Sans pain, sans général :
C'est égal,
Elle est accoutumée
A manger du cheval
Pour régal !
Gai gai, etc.

Courant à perdre haleine,
Il croit prendre à Moscou
Le Pérou :
Ah ! le grand capitaine
Il n'y voit, têtebleu !
Que du feu !
Gai gai, etc.

Que faire en cette ville
Qui n'a plus de maisons
Qu'en charbons ?
Il n'est pas trop facile
De passer tout l'hiver
En plein air.
Gai gai, etc.

« Allons, faisons retraite,
Dit le guerrier penaud,
   Mais il faut
Mettre dans la gazette
Que nous faisons un grand
   Mouvement ! »
 Gai gai, etc.

A bon droit on s'étonne
Qu'alors il n'ait pas fait
   Un décret
Qui prolongeât l'automne
Et supprimât verglas
   Et frimas !
Gai gai, etc.

Le voilà donc en route ;
Mais bientôt l'aquilon
   Furibond
Souffle et met en déroute
Soldats, chevaux, caissons
   Et canons !
Gai gai, etc.

Dans cet état funeste
Brave comme un César
   De hasard,
Sans demander son reste
Napoléon le Grand
   F... le camp !
Gai gai, etc.

Quelques mois après, l'Empereur étant définitivement vaincu et les esprits ne sachant de quel côté chercher le salut, on apprit que la ville de Bordeaux, qui avait tant souffert du blocus continental, avait arboré le drapeau blanc et ouvert ses portes au duc d'Angoulême. Ce grand exemple, bientôt connu de toute la France, agit fortement sur les dispositions des souverains alliés. La génération de 1814 avait presque oublié l'existence des princes de la maison de Bourbon, et toutes sortes de combinaisons étaient mises en avant. Les uns voulaient une régence de Marie-Louise et la proclamation de Napoléon II; les autres pensaient au duc d'Orléans; d'autres s'efforçaient de rétablir la république. M. de Talleyrand était seul parmi les membres du gouvernement provisoire à croire qu'en dehors d'une restauration de la monarchie traditionnelle il n'y avait *que des aventures*. C'était aussi l'avis de Chéron, qui avait connu les frères de Louis XVI et pensait que leur retour était l'unique moyen de salut. Il saisit l'occasion que lui donnait l'acte de dévouement de la ville de Bordeaux, et, se servant encore une fois de son arme accoutumée, il composa une *Ode aux Français* dont voici deux strophes :

LA BORDELAISE

(15 mars 1814).

Français, votre roi vous appelle !
Marchez, volez sous ses drapeaux.
Peuple généreux et fidèle,
Votre roi vient finir vos maux,

> Bientôt la douce paix en France
> Suivra l'étendard de Louis.
> Le commerce avec l'abondance
> Va renaître à l'ombre des lis.
>
> .... Français, l'univers vous contemple !
> L'heure est venue... Imitez-nous ;
> Bordeaux vous a donné l'exemple,
> Mais il l'aurait reçu de vous.
> Qu'une même ardeur nous enflamme !
> A Louis donnons notre foi ;
> N'ayons qu'un esprit et qu'une âme :
> Servons Dieu, l'honneur et le roi !

Cette chanson fut répandue dans tout Paris et circula dans les provinces.

Bientôt les événements se précipitèrent, et le 12 avril 1814 le comte d'Artois fit son entrée dans Paris au milieu d'une foule immense. On connaît les détails de cette célèbre journée, qui. trancha toutes les hésitations du gouvernement provisoire et des alliés ; on sait que la bonne grâce du prince charma la multitude, et qu'il trouva des paroles aimables pour tout le monde, pour les ministres, pour les maréchaux, pour les citoyens. La restauration se fit ainsi spontanément, sans l'appui des souverains étrangers, qui presque tous subissaient l'influence de l'empereur Alexandre, partisan du duc d'Orléans; l'élan, une fois donné, devint irrésistible.

Ce fut un beau jour pour F. Chéron que celui

où il put saluer aux Tuileries l'héritier du souverain dont il avait été le défenseur et l'ami. Pendant quinze ans, sa fidélité ne s'était pas démentie un seul instant; il n'avait cessé de faire partie du comité royaliste qui existait à Paris depuis vendémiaire, et son activité, ses chansons, ses articles avaient constamment poussé au rétablissement de la royauté. Tous ses vœux étaient exaucés, la polémique désormais n'avait plus de raison d'être, mais il lui restait un devoir : faire aimer par tous, comme il l'aimait lui-même, cette monarchie qui rapportait dans les plis de son drapeau les libertés et les vraies grandeurs de la patrie. F. Chéron ne faillit pas à cette tâche. Le 20 mars 1814, il donna au Théâtre-Français une pièce qui fut chantée par Mlle Emélie Leverd, après la représentation de la *Partie de chasse de Henri IV*, en présence de S. A. R. Monsieur :

> ... Sous un roi tutélaire,
> Des malheurs de la guerre
> Désormais à l'abri,
> Que le peuple respire
> Et que, de tous ses maux guéri,
> En paix il fasse cuire
> La poule de Henri !
>
> D'un règne déplorable
> Lorsque ce prince aimable

> Consolera Paris,
> Chacun, en sa présence,
> Va s'écrier : Ventre Saint-gris !
> D'aujourd'hui notre France
> Comptera deux Henris !

Nous lisons en note de ces couplets : « L'enthousiasme qu'a excité cette petite chanson de circonstance ne peut se décrire, et Son Altesse royale n'a jamais oublié cette touchante soirée, où la plus brillante assemblée l'a vue verser des larmes d'attendrissement. »

Cette allégresse se changea promptement en angoisse. A peine l'administration était-elle réorganisée, la paix conclue, les armées étrangères sorties du royaume, la Charte promulguée et le régime constitutionnel inauguré, que tout l'édifice fut à nouveau bouleversé par le retour de Napoléon. Après la révolution de 1830, il n'y a pas eu d'événement plus funeste à la France.

F. Chéron n'avait pas prévu le coup. Il n'eut pas le temps de s'enfuir, et l'Empereur, qui n'oubliait rien, le fit arrêter quelques jours après son arrivée à Paris. Victime, pour la quatrième fois, de son dévouement politique, il fût jeté en prison, et un procès criminel fut intenté contre lui, à raison des chansons qu'il avait publiées l'année précédente. L'intérêt de sa famille lui commandant de mettre ordre à ses affaires, une séparation de biens fut arrangée entre sa femme et lui. Il vécut, pendant trois longs mois, dans les plus cruelles alternatives : heureusement les intérêts qui préoccupaient le gouvernement impérial l'empêchèrent de donner suite à ses vengeances, et Chéron fut oublié. Waterloo le délivra. Quelques jours après, le 9 juillet 1815, il assistait au second retour de Louis XVIII à Paris.

L'aventure des Cent-Jours, qui ramena les armées alliées sur notre territoire de 1815 à 1818, ruina nos finances et nous coûta, outre la perte des forteresses de l'Est et du Nord, une énorme contribution de guerre, fut surtout fatale à la France en ce qu'elle divisa les familles en deux camps irréconciliables : celles qui s'étaient ralliées à Bonaparte et celles qui étaient restées fidèles à la monarchie. Les efforts de deux rois devaient échouer dans l'œuvre d'oubli et de rapprochement qu'ils poursuivirent jusqu'à la fin. Les défections de 1815 ont été flétries par l'histoire ; elles ne peuvent s'expliquer que par l'effacement des caractères, résultat déplorable de vingt années de terreur et de despotisme. F. Chéron nous en a laissé un exemple qui, pour être pris en dehors de la politique, n'en est que plus saisissant :

« Baour-Lormian [1] m'avait instamment prié de faire usage de mon crédit auprès de M. de Blacas pour faire représenter son opéra d'*Alexandre à Babylone*. Il m'envoya, le 3 mars 1815, la note ci-jointe, rédigée tout entière par lui et destinée aux journaux royalistes : « Nous sommes enfin arrivés à cette époque vivement désirée où la France, rendue à ses rois légitimes, voit les arts si longtemps avilis recouvrer leur indépendance et leur véritable grandeur! Parmi les ouvrages nouveaux que l'Académie royale de musique peut offrir au public, l'un des plus importants sans doute est l'opéra d'*Alexandre à Babylone*, terminé depuis longtemps. Le poème est de M. *Baour de Lormian* et la musique de Lesueur. L'auteur a puisé son sujet dans Tite-Live, il a choisi l'époque la plus glorieuse de la vie

1. Baour-Lormian, de l'Académie française, est né en 1770 à Toulouse et est mort en 1854. Dès 1806, il avait fait jouer une tragédie en cinq actes et en vers, *Omasis ou Joseph en Egypte* ; il donna en 1809 *Mahomet II*, et en 1811 une épopée, *l'Atlantide ou le Géant de la montagne*. Puis il chanta dans des odes successives tantôt l'Empire et tantôt la Restauration. *Alexandre à Babylone* est un de ses meilleurs opéras. C'était un versificateur élégant, mais pompeux et monotone.

d'Alexandre, et ce héros est représenté avec le caractère de noblesse et de magnanimité que lui donne l'histoire. Les personnes qui connaissent cet opéra s'accordent à le regarder comme une des productions les plus remarquables de l'auteur d'*Omasis*, de *Mahomet second* et des *Veillées*. Les amis des lettres désirent vivement que l'Académie de musique nous fasse jouir d'un ouvrage qui, indépendamment de son mérite réel, s'accorde si bien avec les circonstances présentes [1]. »

« Mais deux jours après, le 5 mars, on apprit l'arrivée de Bonaparte à Cannes : Lormian m'écrivit aussitôt le billet suivant :

« Je vous prie, mon cher ami, de ne point faire usage de la petite note que je vous ai donnée. Si par hasard elle était déjà remise à un journal, veuillez en arrêter l'impression, et vous me rendrez un véritable service. Je compte sur vous. *Totus tuus!* LORMIAN. »

Nous supposons que F. Chéron ne fit pas usage de la notice préparée par l'auteur d'*Alexandre à Babylone*, mais il ne pouvait comprendre de telles défections. Sa conduite politique était plus ferme et plus éclairée. Il se rangea dès le prin-

---

1. Nous possédons encore cette note naïve. Elle est écrite de la main même de Baour-Lormian.

cipe du côté des royalistes purs, formant le côté droit de la Chambre de 1815. Son dévouement à la cause royale reçut alors sa récompense. Il fut nommé chevalier de la Légion d'honneur, censeur de la *Gazette de France* et commissaire du roi près la Comédie-Française[1]. Cette dernière fonction lui souriait beaucoup; il aimait à aider les jeunes auteurs qui préludaient au mouvement romantique. De tous côtés on s'adressait à lui pour obtenir justice quand on croyait avoir à se plaindre de l'administration du théâtre ou quand on cherchait quelque faveur. Aussi pense-t-on que le dossier des autographes s'augmente

1. C'est à cette époque qu'il entra en relations avec M. le comte de Maistre. Nous n'avons pu savoir à quelle occasion il en reçut la lettre suivante, où se manifeste la bonne grâce du célèbre écrivain : « Rien ne pouvait m'être plus agréable, monsieur, que la lettre que vous m'avez fait l'honneur de m'écrire avant-hier. Je mets à part la louange dont tout homme sage est tenu de se défier ; mais votre lettre contient un fait, et ce fait suffit pour me pénétrer de la joie la plus pure. J'ai eu le bonheur de vous être utile : c'est vous qui me l'assurez, monsieur, il ne m'est pas permis d'en douter. Venez, je vous en prie, me répéter de vive voix une assurance aussi flatteuse pour moi ; vous êtes bien sûr, monsieur, de me faire le plus grand plaisir. Si quelque chose pouvait ajouter à ce sentiment, ce seraient vos relations intimes avec un homme infiniment respectable, pour lequel je conserverai toute ma vie le plus tendre attachement et que je ne désespère point d'embrasser encore. Je suis avec une profonde estime et la considération la plus distinguée, monsieur, votre très humble et très obéissant serviteur. LE COMTE DE MAISTRE. *Hôtel du Helder.* 10 juillet 1817. »

beaucoup à cette époque. Nous n'en détacherons qu'une lettre de Charles Nodier, désireux de favoriser les débuts de Mlle Gros :

« Mon excellent ami, je sais de science certaine que vous présiderez demain un conseil où doit se décider le sort dramatique de Mlle Gros. Je sais également que vous vous êtes montré assez mal disposé en sa faveur.

« Il n'est sans doute question ici que du talent de Mlle Gros, dont je serais très mauvais appréciateur, mais qui m'a laissé des souvenirs que la plupart des héroïnes du temps ne me paraissent pas capables d'effacer. Je crois donc qu'un acte d'indulgence pour elle ne passerait pas pour une injustice... Je serais bien fier si vous trouviez un droit supérieur à ceux-là dans la recommandation d'un homme qui s'honore de vous avoir dû d'éclatantes marques d'amitié et qui ne vous en demande une nouvelle que parce qu'il ne doute pas de votre cœur. Ayez égard, mon excellent ami, à la prière que je vous adresse; appuyée par les camarades de Mlle Gros et non désavouée par l'opinion, elle est peut-être digne de votre intérêt. Voyez-y du moins une preuve de ma confiance et par conséquent de mon inviolable amitié. NODIER. »

F. Chéron exerça ses fonctions de commissaire royal jusqu'en 1825 : à cette époque, le cœur brisé par la mort de sa femme, il donna sa démission. Quelque temps après, il reçut de l'administration la lettre suivante, qui témoigne de l'estime et de l'attachement de ses collègues :

« Nous avons appris avec peine, monsieur, que depuis la cessation de vos fonctions en qualité de commissaire royal près de la Comédie-Française, vous vous êtes abstenu de faire usage des entrées.

« Si nous eussions connu plus tôt cette réserve, qui honore votre délicatesse, nous nous serions empressés de vous assurer, au nom de la *Comédie-Française*, que ce sera toujours avec beaucoup de plaisir qu'elle vous verra à ses représentations, et de vous offrir la libre jouissance des entrées à son théâtre. Veuillez les accepter comme un gage de sa reconnaissance pour le zèle que ses intérêts vous ont inspiré, et de sa haute estime pour le caractère, aussi digne de l'homme de lettres que du fonctionnaire, dont vous avez fait preuve pendant tout le temps de votre exercice. »

Le rôle de censeur de la *Gazette de France* ne causait à Chéron aucun souci : la *Gazette* suivait une voie conforme aux sentiments de son juge. Mais François se préoccupait, avec tous les royalistes, de la marche des événements. La chambre dite *introuvable* avait été brusquement dissoute par le duc de Richelieu et par M. Decazes, qui redoutaient l'arrivée aux affaires de MM. de Villèle et Corbière. On eut alors le singulier spectacle de royalistes obligés de faire au gouvernement royal une opposition qui n'eut d'autre résultat, pendant cinq ans, que de donner plus de force à la coalition des libéraux, des doctrinaires et des républicains. La politique de ces cinq années reposa sur un malentendu parlementaire qui conduisait Royer-Collard, de Serres et Guizot à exalter l'autorité royale, tandis que l'opposition royaliste s'efforçait d'en affaiblir la portée. Les conséquences de cette fausse situation, créée par l'ordonnance du 5 septembre, ont été funestes à la Restauration.

F. Chéron n'eut pas un instant d'hésitation. Il prit parti pour les royalistes de droite et se mit en rapports avec leur polémiste le plus ardent, M. Fiévée [1], excitant sa verve et l'enga-

1. Fiévée, né en 1767 et mort en 1839, écrivait alors dans le *Journal des Débats* et publiait sa *Correspondance politique et administrative,* qui avait le plus grand succès. Sa polémique était ardente et spirituelle; les libéraux le redoutaient et s'en débarrassaient en le faisant condamner à la prison.

geant à ne rien ménager pour faire revenir le
prince à des décisions plus conformes aux intérêts
de la monarchie. Je ne puis donner une idée
plus exacte des passions qui divisaient alors les
hommes politiques qu'en reproduisant une des
lettres écrites par Fiévée à Chéron :

« J'ai reçu, monsieur, la lettre que vous m'avez
fait l'honneur de m'écrire en date d'hier. Je suis
fort sensible à vos éloges; ils me font plaisir en
ce sens surtout, que je crois mérité, d'être reconnu
comme bon Français et digne de refaire en France
quelques doctrines; malheureusement, voici notre
ministère tout à gauche, et je n'ai plus envie de
lutter contre, parce qu'il faudrait dire trop de
choses et plus de choses qu'on ne doit en dire
au public. On sacrifie les royalistes aux révolutionnaires; j'ai peur que les royalistes du Midi
ne se fâchent; on s'obstine ici; il faudra tuer des
royalistes pour assurer l'impunité promise aux
révolutionnaires! Tout cela fait frémir et ôte
jusqu'à la pensée d'intervenir contre ces combinaisons, car on serait accusé d'avoir provoqué le
mal. Il faut attendre, comme vous le dites fort
bien; mais sommes-nous assurés que nous aurons le temps d'attendre? C'est la grande question!... »

Tous les esprits n'étaient pas aussi résolus que celui de Fiévée; mais la scission était complète entre les partisans de M. Decazes et les députés de la droite. Cette séparation s'accentuait tous les jours, à mesure que le ministère chassait les royalistes des fonctions publiques pour les donner aux libéraux, à mesure aussi qu'il était obligé de se rapprocher de la gauche avancée pour conserver une majorité. Un des plus curieux récits de Chéron est celui où il nous montre la politique faisant entrée dans les salons de l'aristocratie parisienne :

« C'était en 1819, sous le ministère Decazes. La tendance du gouvernement était de plus en plus favorable aux ennemis des royalistes. Hostile depuis le 5 septembre 1816, il devenait persécuteur. C'est dans ces circonstances que je fus invité à dîner, le jour des Rois, chez Mme la comtesse du B***. L'idée me vint aussitôt de composer quelques couplets où je pourrais exhaler les sentiments douloureux dont j'étais pénétré. Je n'avais d'autre dessein que de les envoyer aux journaux de mon opinion, comme ayant été chantés, — artifice très innocent et qui n'a pas le mérite de la nouveauté. Le sort en décida autrement, et je fus roi de la Fève, sans que j'eusse communiqué à personne le désir très naturel que j'avais de porter quelques instants cette couronne éphémère, pour avoir la gloire de l'abdiquer. L'étonnement fut grand lorsque j'eus dit ces couplets, qui furent jugés si analogues aux circonstances et si conformes aux sentiments de tous les convives. Il était évident en effet que cette chanson ne pouvait s'appliquer qu'à l'état de choses sous lequel nous vivions; je me gardai bien de laisser approfondir la question de l'impromptu, et, le lendemain, dix journaux reproduisirent cette pièce :

COUPLETS

Chantés le jour des Rois 1819, chez Mme la comtesse du B...

Du sort un malin caprice
Me couronne dans ce jour.
Moi régner ! le rude office !
Surtout par le temps qui court !
Aux préjugés de nos pères
Je tiens encore, et pour moi
Ce siècle a trop de lumières...
Je ne veux pas être roi !

Quand viendra le jour prospère
Où nos yeux ne verront plus
Les vils flatteurs de Tibère
Souiller la cour de Titus,
Quand la suprême puissance
Des méchants sera l'effroi
Et des bons la récompense...
Ah ! je veux bien être roi !

Des parvenus sans mérite
Quand la faveur finira,
Et du front de l'hypocrite
Quand le masque tombera ;
Quand la brigue et l'impudence
Ne mettront plus hors la loi
L'honneur de la vieille France...
Ah ! je veux bien être roi !

Mais tant que ces doux présages
Tarderont à s'accomplir,
Français, aux galants usages
Ne cessons point d'obéir !
D'une aimable souveraine [1]
Aimons à suivre les lois....
On a vu plus d'une reine
Régner mieux que bien des rois !

Cette guerre de salon plaisait à F. Chéron : ses anciens amis du temps de la Révolution cherchaient à l'attirer chez eux pour jouir de sa conversation spirituelle et discuter avec lui les événements. Henri Larivière, l'ancien député au conseil des Cinq-Cents, devenu membre de la Cour de cassation, lui envoyait souvent de petits billets d'appel, comme celui-ci :

« Il n'y a qu'un dîner, mon cher Chéron, qui puisse nous donner le temps de causer ensemble. Venez donc, lundi prochain, manger la soupe avec nous. J'espère bien que nous dirons un mot

---

1. J'avais, suivant l'usage, choisi pour reine la maîtresse de la maison. (*Note de F. Chéron.*)

du discours du Roi, de l'adresse des pairs et de celle des députés, sans oublier la Russie, sur laquelle je vous apprendrai, je crois, des choses que vous ignorez. Il me semble que les libéraux ne doivent pas être à leur aise ! *Totus tibi.* Larivière. »

Puis c'étaient de longues correspondances avec les historiens, les philosophes, qui étudiaient les événements du fond de leur cabinet. Et, si l'on veut savoir quelles pensées inspirait aux royalistes la politique du jour, qu'on lise ce passage d'une lettre de M. Alphonse de Beauchamp, l'auteur de l'*Histoire de la Vendée*[1] :

« Nous étions fort tentés, mon cher Chéron, de répondre à votre aimable lettre par un peu de bouderie, car vous n'avez point tenu la promesse que vous nous aviez réitérée de venir, par un beau jour, nous demander à dîner dans notre Thébaïde de Versailles. Mais nous nous contenterons d'un reproche amical, dans l'espérance que vous nous donnerez enfin et bientôt une demi-journée. Nous nous sommes, depuis, un

---

1. Alphonse de Beauchamp (1767-1832) a publié, outre son *Histoire de la Vendée*, une *Histoire de la captivité de Pie VII* et une *Vie du général Moreau*. C'est un historien très estimé. Son *Histoire de la Vendée* a eu plusieurs éditions.

peu éloignés de ce fameux Jeu de paume dont vous me parlez, véritable boîte de Pandore d'où sont sortis depuis trente ans tous les fléaux politiques qui affligent les deux mondes. Nous demeurons maintenant près de la place Saint-Louis. C'est de là que j'aperçois, comme d'un observatoire, l'écroulement de la vieille Europe et la dissolution de l'ordre social. Grande merveille pour nos cerveaux malades! Mais, pour un historien calme et impartial, c'est un spectacle triste et sans compensation. Ce prétendu grand siècle qu'on a tant vanté est et sera tour à tour en proie à l'ineptie, à la faiblesse, aux faveurs des démagogues et à la tyrannie des soldats. Je ne verrai certainement pas la fin de cette longue subversion qui se reproduit sous tant de formes et dont j'ose écrire à présent l'histoire à compter de son origine. Que n'êtes-vous à ma portée! J'irais parfois vous détourner de vos travaux, et j'en appellerais à votre jugement et à vos lumières!... »

En 1819, rien ne faisait encore présager un changement de politique : les élections partielles étaient favorables à la gauche, et le département de l'Isère avait envoyé à la Chambre l'abbé Grégoire, ancien évêque constitutionnel et régicide. Les correspondances de Chéron deviennent de plus en plus inquiètes et troublées. Le clergé partageait ces terreurs : il croyait revenir aux jours de la Constitution civile. Un abbé Sonnet, ami particulier de Chéron, lui envoyait le 4 janvier 1820 ces lignes, qui peignent l'exaltation des esprits : « Qu'espère-t-on des conférences de Laybach ? Est-il bien temps de tirer un cordon sur ses frontières, d'arborer le drapeau d'alarme, quand la peste est partout ?.. Me voilà, cher ami, accordé sur votre instrument et bien à l'unisson ! fatal accord ! triste musique ! Nous n'avons plus que des complaintes, et pour n'avoir pas voulu profiter des sages avis du Psalmiste : *in camo et freno maxillas eorum constringe qui non approximant ad te*, il nous faudra longtemps encore souffrir des coups portés par l'ennemi commun. »

L'abbé ne se trompait pas : quelques jours plus tard, le 13 février, le duc de Berry périssait, victime d'un horrible forfait. Ce crime atroce indigna l'Europe et glaça la France d'épouvante : la politique de M. Decazes fut jugée par ce résultat. Heureusement le prince, en mourant, avait laissé une espérance aux amis de la monarchie. « Ménagez-vous, avait-il dit à sa femme,

pour l'enfant que vous portez dans votre sein. »
Ce fut, dit Nodier, comme un rayon dans cette
triste nuit! Quelques mois après naissait le duc
de Bordeaux, et presque en même temps l'opinion publique, éclairée par les événements,
appelait au pouvoir les royalistes représentés par
MM. de Villèle, Corbière, Montmorency, Chateaubriand.

F. Chéron s'empressa de célébrer la naissance
du prince royal. Ses vers sont les premiers qui
aient été chantés en France en l'honneur du duc
de Bordeaux. « Imprimés le jour même à mes
frais, dit-il, ils ont été réimprimés dès le lendemain par ordre du gouvernement à 3o ooo
exemplaires. »

En voici trois strophes, qui ont un aspect à
demi prophétique :

COUPLETS

Sur l'heureuse délivrance de S. A. R. Madame, duchesse de Berry,
et sur la naissance de S. A. R. Mgr le duc de Bordeaux.

Quel bruit et quels transports joyeux !
Quelle touchante ivresse !
On chante, on rit, dans tous les yeux
Eclate l'allégresse !
Faut-il en être étonné ?
Un royal enfant est né.

> Ah ! de la Providence
> Ce bienfait prouve le pardon,
> Puisqu'aux vœux de la France
> Elle accorde un Bourbon !...
>
> Qu'il puisse égaler en bonté
> Sa jeune et tendre mère ;
> En valeur comme en loyauté
> Son aïeul et son père !
> De tous les Français un jour
> Qu'il soit l'orgueil et l'amour !
> Pour fêter sa naissance,
> Tels sont les vœux que nous formons,
> Comme amis de la France,
> Comme amis des Bourbons !
>
> Le ciel m'inspire, et je prédis
> Que cet enfant auguste
> Défendra la gloire des Lis ;
> Il sera ferme et juste
> Et régnera par les lois ;
> Mais... il soutiendra ses droits !
> Vrais amis de la France,
> Chantez ! chantez ! c'est un Bourbon !

— Puissions-nous ne pas attendre plus long-temps la réalisation des souhaits de notre aïeul ! Le salut de la France, le développement de ses destinées, le retour de ses libertés sont liés à l'avènement du duc de Bordeaux.

Le ministère de droite rendit à F. Chéron les faveurs dont il avait joui en 1815. Il rentra dans les salons de la cour : on faisait sans cesse appel à sa verve poétique pour célébrer quelque personnage. Débarrassée de toute préoccupation politique et heureuse de se livrer en paix à son goût pour les lettres et les arts qui commençaient à renaître avec un éclat inaccoutumé, la société de 1821 s'abandonnait à la joie et à l'espérance. De brillantes fêtes se succédaient tous les jours, où l'on se reprenait à chanter, comme avant 89. Le baron de Vitrolles était l'organisateur principal des réceptions. De temps à autre, il envoyait à Chéron de petits billets qui nous donnent une idée du charme et du laisser-aller de ces soirées :

« J'ai encore besoin de vous, mon très cher, lui écrivait-il un jour, et si vous vous en plaignez, prenez-vous en à vos talents, qui vous rendent un homme nécessaire dans des genres très différents.

« Il s'agit cette fois de quelques couplets pour la fête de Mme Henriette de Durfort : c'est chez elle, à la Bretèche, en habits de paysans et paysannes, que nous la célébrerons. Dans le nombre seront deux bergers et une bergère qui sont les musiciens de la troupe et qui, dans le fait, chantent très bien. Tout cela est très simple ; mais ce qu'il y a de difficile, c'est que la bonne duchesse d'Orléans douairière vient passer la journée du vendredi et que c'est elle, encore plus que Mme Henriette, qu'il faut chanter, et encore plus que tout·cela, le vieux Folmon, son chancelier, son Blondel, celui qui l'a sauvée, qui nous l'a ramenée : au moins, c'est ainsi qu'elle croit et qu'il faut dire.

« Pour les airs, vous les choisirez : le *Petit homme* vous a si bien réussi une fois dans votre vie qu'il nous plairait. Mais voyez. Après cela, il me semble que cet air serait peut-être difficile pour le couplet au chancelier !

« Si mon instruction ne vous paraît pas assez claire, je vous en offre une plus ample demain matin à déjeuner. Avouez, mon cher, que les grands talents sont à charge et que je suis indiscret ; mais sachez que j'ai le droit de l'être par mon attachement pour vous. Samedi matin. E. V [1]. »

C'est à cette époque, une des meilleures de sa vie, que Chéron se lia d'étroite amitié avec Mlle Lisinka Rue, miniaturiste célèbre, qui épousa plus tard M. de Mirbel. Il nous a laissé d'elle le portrait suivant :

« Mlle Lisinka Rue est une des personnes

1. Ce vieux Folmon, le Blondel de la duchesse, écrivait à Chéron, le 13 août 1820 : « ... Non, cher ami, vous n'êtes pas oublié dans la maison de Mme la duchesse douairière d'Orléans ; n'y eût-il que Son Altesse et moi, vous seriez bien assuré qu'on vous conserve un agréable souvenir. Si vous pouviez en douter, indiquez-moi un de vos jours libres où vous puissiez venir déjeuner ou dîner à Ivry avec Son Altesse et votre tout dévoué. ROZET DE FOLMON. »

les plus distinguées, sous tous les rapports, que j'aie eu le bonheur de connaître. Elle est aujourd'hui femme de M. de Mirbel, l'un des savants les plus célèbres de l'Institut. C'est un des hasards les plus étranges, disons mieux, c'est la Providence qui me l'a fait connaître... Douée d'un de ces rares caractères qui sont tout en dehors et qui appellent l'intimité, je me suis trouvé à l'aise avec elle dès notre première entrevue, et j'en suis d'autant plus honoré que cette personne si remarquable, qui joint à la plus noble franchise une sorte de candeur naïve que je n'ai vue qu'en elle, possède en même temps une élévation d'âme et un discernement sur les convenances les plus hautes et les plus délicates de la société qui lui ont assuré un ascendant ou plutôt un véritable empire sur les personnages les plus éminents de la cour et de la ville. C'est à elle que je dois cette aisance de la vie, qui ne dédommage pas de la perte des plus tendres affections, mais qui procure quelque soulagement à ma vieillesse.

« Dès l'origine, nous faisions ensemble des lectures. Mlle Lisinka avait la bonté de me demander des avis sur la manière de lire les vers, et, à dire vrai, elle en savait plus que moi, surtout pour les traits de sentiment. Un soir du mois de décembre que nous lisions ensemble une tragédie de Racine, l'occasion se présenta de faire une comparaison avec une scène de Corneille. Les œuvres de ce grand poète n'étaient pas encore dans sa petite bibliothèque. L'idée me vint aussitôt de lui envoyer un exemplaire, la veille du jour de l'an 1822, et j'y joignis un hommage poétique qui lui plut beaucoup [1]. »

Dépourvu de toute ambition personnelle, F. Chéron n'employa la faveur dont il jouissait qu'à secourir ses confrères, à leur faire obtenir des pensions, ou à réparer les injustices commises à leur égard.

« J'ai toujours eu du plaisir à vous rencontrer, lui écrivait M. Desfontaines, l'auteur dramatique, et ce fut hier une bonne fortune de plus de vous trouver chez le ministre dont j'ai besoin. Vous avez sur son esprit un crédit mérité, et,

---

1. Mme de Mirbel (1799-1849) fut nommée peintre miniaturiste du roi. Elle a fait le portrait de Louis XVIII et d'un grand nombre de personnages importants de l'époque. C'est elle qui apporta dans l'art de peindre la miniature une modification importante : elle lui donna quelque chose de la vigueur de l'huile en abandonnant le pointillé jusqu'alors en usage. Son modelé est très fini et sa couleur très brillante. Elle nous a laissé un portrait de François Chéron, son ami.

puisque vous m'avez promis vos bons offices, voici en deux mots de quoi il s'agit. Je demande au roi un secours qui m'est nécessaire, et la restitution de 1000 francs que l'on a retranchés sur ma pension. M. le duc de La Châtre a présenté mon placet à Sa Majesté, et le lendemain Sa Majesté l'a remis à M. le comte de Pradel en le chargeant de lui en rendre compte. A la suite de cet envoi, M. de Pradel a bien voulu m'accorder une audience, et j'en ai reçu l'accueil le plus obligeant avec la promesse de me servir. Veuillez donc me rappeler à son souvenir, et je suis convaincu qu'il vous écoutera : il est des moments de crise dans la vie, je m'y trouve, et quelques mots de vous m'aideront à en sortir. »

F. Chéron était donc heureux. Mais à peine trois années s'étaient-elles écoulées que sa femme fut frappée de paralysie. Elle mourut le 29 avril 1825. Cet événement plongea Chéron dans une tristesse profonde; il quitta les fêtes de la cour et ne parut plus dans aucun salon. C'est alors qu'il donna sa démission de commissaire près le Théâtre-Français. Les dernières années de sa vie se passèrent dans une retraite absolue : il ne prit d'intérêt qu'au mouvement littéraire. La poésie romantique l'étonnait et l'effrayait; à son âge, il était difficile d'accepter tant de hardiesses et tant d'innovations. Son goût était trop sûr pour méconnaître les beautés du drame nouveau, mais il crut devoir reprendre la plume pour modérer l'ardeur de ces *jeunes fous de génie* qui bouleversaient les antiques règles. Nous allons le suivre encore dans ce rôle de critique, qui nous fera assister à l'épanouissement des lettres sous la Restauration.

CHAPITRE IX

LA CRITIQUE LITTÉRAIRE SOUS LA RESTAURATION. —
LES « ODES ET BALLADES » ET LE « CROMWELL. »
— LETTRES INÉDITES DE VICTOR HUGO, LACRE-
TELLE, PARCEVAL-GRANDMAISON, ANDRIEUX, QUA-
TREMÈRE DE QUINCY, ANCELOT, VIENNET, ETC.

LA Restauration fut une des plus belles époques de l'esprit humain. Pendant ce court espace de quinze années, nous voyons fleurir à la fois l'éloquence sacrée, la poésie lyrique et dramatique, l'éloquence parlementaire et tous les arts, tandis que les sciences physiques, géologiques et médicales font de rapides progrès. On croirait assister à l'aurore du plus beau siècle de notre histoire, et c'est à peine si nous pouvons comprendre aujourd'hui comment tant d'espérances se sont si vite et si complètement évanouies.

Quel temps que celui où dans la même journée

on pouvait entendre à la Chambre des députés ou à la Chambre des pairs les accents d'un Royer-Collard ou d'un Chateaubriand, admirer à l'exposition les tableaux d'un Gérard ou d'un Géricault, écouter à la Sorbonne les savantes leçons d'un Villemain, d'un Guizot ou d'un Cousin, et passer sa soirée soit à la première de la *Dame Blanche* ou de *Guillaume Tell*, soit à la bataille rangée des classiques et des romantiques en face d'*Hernani !* Et quelle originalité dans tous ces talents! Il semble que la France sorte d'un long sommeil, mais plus belle, plus jeune, plus fraîche qu'autrefois. Le despotisme avait pesé sur elle, mais il n'avait pu étouffer son génie, et à peine rendue à la liberté, elle faisait jaillir de son sein des sources fécondes de gloire et de grandeur.

Le premier service et le plus désintéressé de tous que la monarchie traditionnelle rendit à la France fut la liberté de la tribune, liberté qu'on n'avait pas encore connue, car les orateurs des assemblées révolutionnaires subissaient la pression de la foule ou tremblaient devant l'échafaud, et ceux de l'Empire étaient enchaînés. Pour retrouver franchise de langage semblable à celle que la charte de 1814 laissa aux députés, il faudrait remonter jusqu'aux assemblées provinciales dont Chéron déplorait tant la perte. Trois fois la balance politique oscilla pendant ces quinze années, et trois fois, spectacle unique, des hommes nouveaux, d'un talent supérieur et d'une honnêteté irréprochable, occupèrent avec éclat les premiers rôles. Ce fut d'abord la politique du *centre* représentée par le duc de Richelieu, Royer-Collard, de Serre et Decazes, jusqu'en 1820; puis la politique de *droite*, avec MM. de Villèle, Corbière, Chateaubriand; puis la politique de *gauche* modérée que M. de Martignac sut honorer par sa douce et franche éloquence. Aux derniers jours, Berryer et Guizot faisaient en même temps leur entrée à la Chambre; mais combien de noms n'oublions-nous pas qui donnaient à l'opposition de droite ou de gauche un grand éclat, Labourdonnaye, de Bonald, Marcellus, Benjamin Constant, le général Foy et tant d'autres!

La grandeur morale ne fut pas le seul résultat de cette politique : la Restauration est le seul gouvernement qui, ayant à payer une lourde contribution de guerre léguée par les fautes d'autrui, n'ait cessé d'amortir sa dette et de diminuer en même temps les impôts.

Mais c'est au point de vue littéraire que nous devons surtout l'envisager. Dès le début, la poésie lyrique se relève d'une longue obscurité : la muse de Victor Hugo, de Lamartine, de Casimir Delavigne, d'Alfred de Vigny enivre une génération de jeunes esprits. Une noble émulation règne parmi la jeunesse des lycées et des collèges : on se dispute la gloire à vingt ans. Entouré de quelques amis dont le talent soutenait l'ardeur de son génie, Sainte-Beuve, Deschamps, de Vigny, Pavie, le jeune homme qui devait prendre quelques années plus tard la direction du mouvement nouveau excite à la fois l'admiration et l'envie de ses contemporains. En même temps, Royer-Collard remet en honneur les doctrines du spiritualisme; Cousin, son héritier, donne à sa chaire un nouvel éclat; Aug. Thierry et Guizot s'élancent les premiers vers les régions encore obscures du moyen âge, où ils retrouvent les origines de notre civilisation, et Villemain, suivant la même route dans son cours de littérature, fait passer sous les yeux de ses auditeurs les troubadours, les trouvères, les chroniqueurs, les romanciers de la chevalerie [1].

1. Voyez *Histoire de la littérature sous la Restauration*, par M. Nettement.

Vaincus au théâtre, les classiques se réfugiaient dans les journaux; nous allons voir Chéron exprimer son opinion à la troisième page du *Moniteur officiel*, avec une urbanité et un bon goût qui lui vaudront les remerciements de l'auteur de *Cromwell;* mais notre tableau, bien qu'il suffise déjà à illustrer une époque, n'est pas encore complet. La comédie avait aussi ses maîtres. Picart, Andrieux, Désaugiers, terminaient leur carrière en donnant leurs meilleures pièces, la *Comédienne*, les *Trois quartiers*, l'*Homme aux précautions*, et Scribe ouvrait la sienne, avec un succès qui ne se démentit jamais. Son talent original attira la foule au nouveau théâtre du Gymnase, fondé par M. de Mirbel en 1820, et le préserva même des sévérités de M. de Corbière [1].

1. Les directeurs avaient violé l'ordonnance ministérielle et donné des pièces entières au lieu de fragments de pièces. Le théâtre allait être fermé, mais on connaissait le goût de Mme la duchesse de Berry pour la littérature. La troupe menacée se rendit à Dieppe pendant le séjour de la princesse et joua devant elle ses plus agréables pièces, puis Scribe écrivit, exprès pour elle, un vaudeville tout parfumé de ses louanges les plus fines. Le lendemain d'un jour où M. de Corbière avait fait écrire une lettre comminatoire au Gymnase, la duchesse dit en souriant à ce ministre qui venait lui faire sa cour : « J'espère, monsieur, que vous « ne tourmenterez plus le Gymnase, car il portera désor-

A cette heureuse époque, tous les arts florissaient à la fois! La peinture brillait d'un vif éclat, avec les tableaux de Gros, de Gérard, de Girodet, de Guérin, des Vernet, d'Ingres, d'Ary Scheffer, de Delacroix, de Géricault, de Prudhon, de Léopold Robert, merveilleux talents, qui donnaient à l'école française une renommée universelle! Louis XVIII et Charles X encourageaient tous ces artistes et honoraient royalement leurs travaux. La musique avait le même bonheur. Le roi ayant appelé Rossini en France, les compositeurs français lui donnèrent une fête en 1823. Veut-on savoir quels noms sont inscrits sur la liste? Ce sont tous les maîtres de l'école : Lesueur, Boieldieu, qui venait de donner les *Voitures versées* et qui préparait la *Dame Blanche,* Auber, dont la *Muette* fut jouée par ordre royal, et malgré la censure, au grand Opéra, Hérold, l'auteur de *Marie* et de *l'Illusion*, Panseron enfin, dont les délicates compositions nous charment encore!

On a peine à suivre dans tous ses détails cet épanouissement intellectuel : l'esprit en est

« mais mon nom. » En effet, dès le mois de septembre 1824, on lut sur les affiches : *Théâtre de Madame!* (Nettement.)

comme ébloui. Et que serait-ce si nous parlions des hommes qui s'illustraient alors par leurs travaux scientifiques, Cuvier, Geoffroy Saint-Hilaire, Biot, Arago, Ampère, Gay-Lussac et Thénard, Orfila, Broussais, Laënnec! l'histoire naturelle, l'astronomie, la physique, la chimie, les mathématiques et la médecine, toutes les sciences à la fois fouillées et approfondies, la nature révélant ses secrets, et les maîtres de ce temps ne laissant à la génération suivante que le soin d'appliquer leurs découvertes! quelle merveilleuse harmonie de toutes les splendeurs du génie humain!

Mais si la sève fut prompte et fertile, elle ne coula pas longtemps. Comme une vigne dont les sarments se sont étendus trop loin, la génération de 1815 fut promptement épuisée. L'école catholique et monarchique perdit de bonne heure ses chefs, Joseph de Maistre, de Bonald, de Marcellus; d'autres furent victimes d'un étrange aveuglement et passèrent à l'ennemi. L'école révolutionnaire reprit peu à peu le dessus : on fonda des journaux pour préparer l'émeute, et les politiciens, précurseurs de toutes les tempêtes, apparurent à l'horizon. De 1827 à 1830, on ne combat déjà plus que pour la vie, jusqu'au jour de la catastrophe. « Il y a, dit M. Nettement, des sauvages qui coupent l'arbre pour écraser sur le fruit le ver qui en altère le duvet. Cette société avait fini par croire que les supports qui maintenaient l'édifice de ses libertés les gênaient. On raconte qu'un jour le chêne, cet arbre royal, qui élève librement dans les airs ses branches majestueuses, asile des oiseaux du ciel, abri des troupeaux qui paissent dans les prairies d'alentour, se lassa et se plaignit, comme d'une sujétion, de la profondeur de ses racines enfoncées dans les entrailles de la terre, et traita de servitude cette condition de sa stabilité : survint une révolution intérieure du sol qui exauça et déracina le chêne, et les oiseaux du ciel et les troupeaux d'alentour demeurèrent ensevelis sous ses débris. »

Cette comparaison n'est que trop juste, et trois générations ont cruellement expié les fatales journées de juillet 1830. Ce fut la seconde manière de la Révolution, manière politique, qui devait, après avoir ébranlé beaucoup d'autres trônes, faire place en 1848 à la troisième et dernière forme, populaire et sociale [1].

1. Nous ne voulons pas désespérer nos lecteurs. Si Chéron vivait encore, il reconnaîtrait assurément les

Nous avons dit que Chéron était partisan des classiques. Elevé dans l'étude des grands génies du xviiᵉ siècle, il lui sembla qu'on faisait fausse route en abandonnant les voies qu'ils avaient tracées et en allant chercher en Angleterre ou en Allemagne de nouveaux modèles qui ne valaient ni Corneille ni Racine. Il était difficile, à cette époque, de démêler aussi bien que nous le faisons aujourd'hui ce qu'il y avait d'exagéré et ce qu'il y avait de vrai dans l'école romantique. Une rénovation était nécessaire, mais elle ne

signes avant-coureurs d'une sérieuse restauration de la société. Les classes élevées reviennent à Dieu, et les classes populaires cherchent à se grouper. Le corps politique de la nation reprend peu à peu de la cohésion. C'est la voie du salut, et les révolutionnaires le savent d'instinct, car dès les premiers jours ils ont interdit les associations et n'ont jamais cédé sur ce point. C'est à nous de hâter ce mouvement salutaire. Il en sera de notre France comme des terrains envahis par les eaux. Autour de quelques racines flottantes, un peu de terre s'unit et s'aggrège, et la petite masse résiste au courant, puis d'autres îlots se forment de la même manière, et tous finissant par se joindre, le sol redevient solide et d'autant plus fertile qu'il a été plus remué! Les associations rempliront le rôle de ces îlots. « Lorsque les hommes les plus honnêtes et les plus éclairés de notre patrie seront pénétrés de la vraie notion de la souveraineté... lorsqu'ils s'apercevront que les nations dépérissent quand elles s'écartent de leurs traditions séculaires, alors il se trouvera quelqu'un qui fera le reste! » (René Bazin, préface aux *Considérations sur la France.*)

pouvait réussir qu'à la condition de ne pas dépasser une certaine mesure.

Il est intéressant de savoir ce que pensaient de cet impétueux mouvement les hommes de goût qui, après avoir fait leurs preuves au théâtre, écrivaient dans les journaux. Chéron nous a laissé sur ce point des notes en partie inédites, que nous reproduirons sans commentaires, parce qu'elles offrent un tableau original de la critique littéraire au service de l'école classique, dans la seconde période de la Restauration.

« 4 décembre 1828.

« M. Victor Hugo est doué d'un si rare talent, et il y a tant à louer dans ses ouvrages qu'il peut sans crainte en abandonner une part à la critique. Chacun de ses quatre volumes *(Odes et ballades et Cromwell)* est précédé de... de quoi ? Cela n'a point de titre ; ce n'est ni une préface, ni un discours préliminaire, ni un avant-propos, c'est de la prose, et une prose très vive, très animée, très ingénieuse.

« Que l'on ne pense pas toutefois que cette prose sans titre doive être lue avec indifférence. L'auteur y attache beaucoup de prix. On n'y trouve pas ces tournures obséquieuses, ces suppliques modestes « *d'un auteur à genoux dans une humble préface* ». Ce sont des doctrines nouvelles qu'il professe, des éléments nouveaux qu'il veut accréditer, et c'est ce qui mérite le plus sérieux examen. L'intérêt de l'art se confond ici avec l'intérêt qu'inspire le jeune auteur. Quel dommage en effet si, en s'écartant des routes battues, un talent aussi distingué allait se perdre dans des régions désertes et stériles! Pourquoi faut-il qu'un si aimable professeur n'ait pas encore appris l'art de s'exprimer avec plus de mesure sur le compte de ses prédécesseurs depuis Aristote jusqu'à nous? Si l'autorité de ce grand homme en métaphysique et en philosophie proprement dite a cédé, quant à la méthode, à des enseignemens modernes plus lumineux et plus sûrs, il ne reste pas prouvé pour cela qu'il se soit trompé en traçant les règles de l'art dans les diverses parties de la littérature. Mme de Staël, M. Schlegel, M. de Sismondi ne sont pas encore parvenus à le détrôner, et nous ne croyons pas que M. Victor Hugo obtienne plus de succès. On regrette de voir un jeune homme, à peine sorti de l'adolescence, soutenir que jusqu'à l'heureux siècle qui l'a vu naître, on n'a cessé de déraisonner sur l'art qu'il professe. Son mépris pour toute autre doctrine que la sienne se manifeste à chaque page. Tantôt c'est *la veille masure scolastique dont la solive est vermoulue*, et tantôt c'est *la procession des rhéteurs et des pédagogues qui portent gravement de l'eau claire au tonneau vide !*

« Comme les réputations s'élèvent et grandissent rapidement par le temps qui court ! Naguère M. Victor Hugo n'était qu'un disciple, bien fervent il est vrai, mais encore humble et soumis, des professeurs allemands et anglais. Trois années sont à peine écoulées, et déjà c'est un maître, que dis-je ? c'est le chef d'un nouveau Portique ; c'est le libérateur appelé à briser les chaînes qui durant trente siècles ont arrêté l'essor de l'esprit humain !...

« Il faut bien l'avouer ! j'ai constamment exercé cette *critique pédante, frivole, ignorante*, si énergiquement signalée par M. V. H. et qui doit bientôt céder la place *à une critique forte, franche, savante, grave, une critique du siècle, qui commence à pousser des jets vigoureux sous les vieilles branches de l'ancienne école !* Épouvanté de l'imperturbable assurance des nouveaux docteurs, étourdi de ce concert d'éloges démesurés

14.

dont ils se font un si obligeant échange, oserai-je combattre des adversaires jeunes, ardents, pleins d'audace et de témérité? Est-ce avec une tactique usée et de vieilles manœuvres que l'on peut attaquer un fort dont la défense est appuyée de tous les secours d'une nouvelle stratégie? N'importe; ne perdons pas courage. Un siège n'est pas l'affaire d'un jour. Essayons seulement d'ouvrir la brèche, et si nous prenons une bonne position, il y aura une chance de succès pour les attaques ultérieures....

« Quoique vétéran de la *vieille critique*, si malmenée par M. Victor Hugo, nous nous abstiendrons de toute critique de détail. M. V. H. est doué d'un beau talent. *Son astre l'a créé poète.* Nous rendons hommage à la pureté de ses doctrines morales et religieuses; son âme est élevée, sa sensibilité profonde et expansive; son style est énergique, animé, plein de sève et de chaleur : mais on regrette souvent que le goût, la correction et l'éloquence lui semblent l'apanage de la médiocrité. Impatient de tout frein, rebelle à toute autorité en littérature, il se fait gloire de ne suivre que ses inspirations, de ne marcher que par élans; mais ses inspirations sont quelquefois bizarres et ses élans mal dirigés; il se complaît surtout dans tout ce qui flatte son penchant à exagérer ses sentiments et ses pensées, à envelopper, obscurcir et outrer leur expression. On sent qu'il vise ou plutôt qu'il aspire constamment au sublime ; il lui arrive de l'atteindre, mais plus souvent il s'égare, et ce qu'il prend pour tel est du faux sublime, du sublime *de fabrique*, si nous osons employer ce terme vulgaire. C'est que le sublime ne doit pas se chercher, il faut qu'il se trouve, ou plutôt qu'il éclate, qu'il tonne d'une manière subite et imprévue ! »

Chéron donna au *Moniteur officiel* du 4 décembre 1828 une partie de ses observations sur les *Odes et ballades*, se réservant de juger plus tard le *Cromwell*. Aussitôt que Victor Hugo, alors âgé de vingt-six ans, eut connaissance de l'article, il s'empressa d'écrire au critique une lettre dont le but se devine sans peine. Nous la reproduisons textuellement :

« On vient de m'apporter, monsieur, un article que vous avez bien voulu me consacrer dans le *Moniteur* du 4 décembre. Quelle que soit la différence de nos façons de voir en littérature, je crois devoir vous remercier de votre article : j'ai rarement rencontré des adversaires qui eussent votre loyauté et votre urbanité, et je me fais un plaisir, monsieur, de vous le dire à vous-même : un digne ennemi est presque aussi précieux qu'un ami.

« Je regrette que la retraite où je vis m'ait empêché de connaître plus tôt votre article, J'ignore même votre nom [1]; mais, quel qu'il soit, c'est celui d'un homme de science et de conscience auquel je suis charmé d'offrir l'expression de ma reconnaissance. 16 décembre 1828. VICTOR HUGO. »

Cette aimable lettre ne paraît pas avoir changé les dispositions de F. Chéron, car, peu de jours après, le critique du *Moniteur* attaquait vigoureusement le grand drame de *Cromwell*, les théories de la réforme littéraire, la négation de toutes les règles de l'art dramatique et la prétendue *alliance* du *grotesque* et du *beau*.

« Nous croyons, nous, s'écriait-il le 26 décembre 1828, que tout art est soumis à des règles, à des lois, à des conditions, à des conventions, sans lesquelles il cesserait d'être un art.

« Nous croyons que chaque art a des moyens qui lui sont particuliers et qu'il ne peut emprunter ceux d'un autre sans altérer sa propre nature.

1. L'article est signé : F. C.

« Nous croyons que l'une des premières conditions de l'art est de plaire et que les moyens de plaire de la poésie sont les ressorts de la sensibilité, les accents de la langue des passions, l'élévation des sentiments.

« Nous croyons qu'imiter la nature, ce n'est pas la contrefaire, et que le plaisir que l'art procure ne peut être celui qu'on éprouve à voir la nature elle-même, mais bien la nature dans une image qui est le produit de l'art.

« Nous croyons enfin que ce n'est point aux sens que l'art doit s'efforcer de plaire, mais à l'âme, et que le plaisir de l'art est un plaisir moral !... »

Après avoir ainsi posé ce qu'on pourrait appeler les principes de l'art classique, Chéron les applique au drame nouveau, et, sans nier les beautés du *Cromwell*, il prouve que cette bizarre composition est défectueuse :

« Mais *Cromwell ! Cromwell !...* quelles sont les qualités, quels sont les défauts que nous y avons remarqués !... Nous en demandons pardon à nos lecteurs, mais une œuvre aussi extraordinaire ne peut être soumise à une analyse, toujours imparfaite. Il faut la lire pour bien l'apprécier. Quant à nous, francs et loyaux adversaires, nous avons cherché de bonne foi s'il n'y aurait pas quelque moyen de rapprochement possible entre les parties belligérantes. Nos efforts ont été vains. Quel accord, quel accommodement peut-on espérer avec un jeune homme qui va s'écriant avec toute la fougue du fanatisme : « — Mettons le marteau dans les théories, les poétiques et les systèmes. Jetons bas ce vieux plâtrage qui menace la façade de l'art : il n'y a ni règles ni modèles! »

Les efforts de Chéron pour opérer un accommodement entre les romantiques et les classiques nous font un peu sourire aujourd'hui. Voit-on Victor Hugo ou Baour-Lormian donnant la main à Delille et à l'abbé Ducis? Le chef de l'école romantique ne songeait guère à se montrer aimable avec ses adversaires et leur refusait même, après la défaite, les honneurs de la guerre. Loin de se calmer, la lutte s'accentuait donc de jour en jour, et Chéron lui-même se laissait aller de temps à autre à quelques vivacités. Il attaquait le 28 décembre les *Études françaises et étrangères* d'Émile Deschamps et la préface de 60 pages qui précède le volume. « Cette préface, dit-il, est un nouveau manifeste du *romantique;* c'est un appendice de la fameuse préface de M. Victor

Hugo. Une tendre amitié paraît unir les deux jeunes poètes. M. Émile Deschamps est le nouveau Patrocle d'un nouvel Achille. Comme lui, *impiger*, *iracundes*, *inexorabilis*, *acer*, il dédaigne et foule aux pieds toutes les règles et toutes les prescriptions, *jura negat sibi nata...* Nous ferions subir à M. Deschamps une rude pénitence, si nous soumettions à la juste sévérité de la critique un grand nombre des pièces dont se compose son volume; mais nous voulons lui épargner ce chagrin. Il sera plus agréable de compenser par de justes éloges la sévérité des réflexions que l'intérêt et l'amour de l'art nous ont dictées. » Le critique cite alors deux pièces, le *Rêve* et le *Fleuve*, et conclut ainsi : « Voilà certainement de beaux vers, mais cela est un peu court, un peu resserré : il y a loin de là aux beaux chants élégiaques de MM. de Lamartine, Victor Hugo et de Vigny. Toutefois il serait injuste de ne point reconnaître dans ces études un talent remarquable. En considération de sa touchante poésie, nous bornerons donc la pénitence de M. Émile Deschamps à l'inscrire sur la liste des classiques... puisse-t-il ne pas se trouver trop puni !»

C'est ainsi qu'à cette époque se faisait la grande guerre entre les deux écoles. Nous avons voulu en détacher quelques épisodes; mais il est temps de nous replier et de quitter ces hauteurs pour descendre dans la plaine où de plus obscurs rivaux se disputaient la gloire.

Il n'y a pas de spectacle plus curieux que celui d'auteurs demandant des articles ou plutôt mendiant des éloges aux critiques en renom. C'est peut-être une nécessité de situation, et nous sommes loin de les blâmer; les ouvrages de second ordre passeraient la plupart inaperçus si les journaux n'en parlaient pas, et les auteurs le savent si bien qu'ils emploient toutes sortes d'artifices pour obtenir un compte rendu favorable. Les uns, et c'est le plus grand nombre, flattent leur juge sans vergogne : d'autres lui adressent quelque hommage ou l'invitent à dîner, ce qui est la forme la plus captieuse qu'on puisse employer…. mais le critique a soif d'indépendance et n'accepte pas toujours. Il se souvient qu'il est juge, responsable envers l'opinion publique, et il repousse souvent les présents d'Artaxercès. Alors on fait appel à son cœur, à sa compassion : l'auteur est jeune, ou bien il est vieux; il faut l'encourager ou le consoler! D'autres y vont plus franchement : ils envoient ou font envoyer leurs ouvrages au critique : prenez, lisez et jugez ; je remets mon sort entre vos mains! C'est ce piquant tableau que je voudrais mettre un instant sous les yeux du lecteur : il n'y a pas de moment plus favorable que celui où nous sommes placés de 1824 à 1830, et le dossier des autographes nous fournira une ample moisson.

M. Dupré de Saint-Maure emploie la première *manière*. Il flatte F. Chéron, et l'on trouvera sans doute que ses flatteries sont un peu exagérées :

« Mon très cher monsieur, écrit-il, je sais combien sont grandes vos occupations, mais je n'ai confiance qu'en votre goût et en ce tact admirable des bienséances littéraires que si peu de gens possèdent! Je prends donc la liberté de vous adresser ces premières feuilles, que j'irai reprendre mardi matin... Menacé (soit dit entre nous) de fonctions très bien rétribuées, mais fort épineuses, je tiens plus que jamais à ne pas trop prêter le flanc à la malice des journaux *sous le rapport grammatical*, et je me livre à cette amitié généreuse que vous voulez bien me témoigner et dont je m'honore. Comptez sur ma vive et bien sincère reconnaissance. C'est un sentiment qui est dans la bouche de tout le monde et dans le cœur de fort peu de gens. Il n'en sera pas ainsi de votre très dévoué et très reconnaissant serviteur. Ce dimanche matin, le 18 mai 1828. DUPRÉ DE SAINT-MAURE. »

Une seconde manière va nous être fournie par M. Viennet, de l'Académie française. Celui-ci ne flatte pas son juge, mais il flatte son œuvre, et il ne veut pas en avoir l'air :

« Mon cher maître, l'ami Sauvo [1] vient de me dire que la *Philippide* vous serait envoyée avec prière de faire des articles. Mais, comme je pars demain pour la campagne, je n'ai pas le temps d'aller flatter mon juge. Je m'en rapporte à sa bienveillance pour moi. *Songez que c'est un ouvrage de vingt-six ans et de 16 000 vers!* Je me rappelle toujours avec reconnaissance que vos articles ont servi de passeport à mes premières épîtres. Puissent-ils assurer le succès de mon poème ariostique, dans lequel *un peintre célèbre prétend avoir découvert 97 tableaux tout dessinés*. Mille civilités affectueuses. VIENNET. MARDI 5 août 1829. »

1. Directeur du *Moniteur* pendant la Restauration. M. Sauvo était un homme fort remarquable et très aimé des écrivains. Il était lié d'une étroite amitié avec notre aïeul.

Le moyen de refuser un article élogieux à 16 000 vers et à 97 tableaux tout dessinés!

Mais Ancelot est plus habile que les précédents. Il connaît la bonne manière, et sa stratégie est savante, dans sa simplicité [1] :

« Si le bien aimable monsieur Chéron était libre samedi prochain, 20 de ce mois, et qu'il voulût disposer de sa soirée en ma faveur, j'en serais bien reconnaissant. Je ne veux pourtant point le prendre en traître, et je l'avertis qu'il entendra une certaine *Elisabeth*, en cinq actes, dont il a déjà ouï parler.

« Ainsi, que monsieur Chéron consulte ses forces, et s'il se trouve assez robuste pour soutenir le choc, je l'attends à huit heures très précises. Les portes seront closes à huit heures et demie. J'offre à monsieur Chéron le nouvel hommage de mon respectueux dévouement. Son très humble et très affectionné serviteur. Ancelot. Lundi 15 juin 1829. »

---

1. Arsène Ancelot, né au Havre en 1794 et mort en 1854, était déjà célèbre à cette époque par sa tragédie de *Louis IX*. Il obtint une pension de Louis XVIII et donna successivement plusieurs tragédies. La révolution de Juillet lui enleva sa place de bibliothécaire à Meudon et sa pension. Il fit alors des vaudevilles et des comédies historiques, le *Régent*, la *Jeunesse de Richelieu*, etc. Il entra à l'Académie française en 1841.

Le vieux Quatremère de Quincy [1] y va plus rondement. Faut-il se gêner avec un ami *de tous les temps?* Quatremère, d'ailleurs, n'est pas un intrigant ; il ne connaît pas un seul journaliste et ne tient pas au succès :

« Mon cher Chéron, je vous envoie mon bouquin ! Je viens vous demander de l'aider à se faire connaître, si vous croyez qu'il en vaille la peine. Je ne saurais me refuser à vous demander cette corvée, puisque l'intérêt du libraire s'y trouve compromis. S'il ne s'agissait que de l'auteur, il laisserait très volontiers l'ouvrage mourir de sa belle mort... Les éditeurs me paraissent fort peu liés avec les journalistes, et moi je n'en connais aucun. Si toutefois la chose vous ennuie, laissez tomber le tout, et n'en parlons plus. Adieu. Tout à vous. 9 avril 1823. QUATREMÈRE DE QUINCY. »

F. Chéron n'eut aucune peine à faire l'article que son vieux camarade lui demandait, car il avait pour lui une estime toute particulière, dont

1. Nous avons déjà plusieurs fois parlé de Quatremère de Quincy (1755-1849). Il fut membre de l'Assemblée législative en 1791, incarcéré pendant la Convention, député aux Cinq-Cents et déporté au 18 fructidor. Au retour des Bourbons, en 1815, il fut nommé intendant des arts et monuments. L'Academie des inscriptions le choisit pour secrétaire général en 1816.

il nous a laissé une dernière preuve par le petit récit qui va suivre :

« Mon ami Quatremère de Quincy, qui joint aux connaissances les plus étendues dans les sciences et dans les arts un grand talent d'exécution, a sculpté de sa propre main un modèle de pendule du plus noble genre. C'est un disque, au centre duquel est le cadran et autour duquel on voit les heures d'un côté se traînant péniblement et de l'autre fuyant d'un vol rapide, avec cette légende tirée du poème de l'*Anti-Lucrèce* du cardinal de Polignac :

Afflictis lentæ, celeres gaudentibus horæ!
« Après avoir exécuté ce petit monument en marbre, Quatremère l'a fait couler en bronze, et, pour l'intelligence de ceux à qui la langue latine n'est pas familière, il m'a demandé deux vers français qui exprimassent à la fois la pensée du poète latin et l'allégorie dont l'a revêtue le sculpteur français.

« Voici ces deux vers, qui vont recevoir un honneur que de belles compositions auraient mieux mérité, l'honneur d'être coulés en bronze :

Sur ce disque, à nos vœux les heures infidèles,
Lentes pour la douleur, dans la joie ont des ailes ! »

Nous savons que Lacretelle [1] était aussi un des anciens amis de F. Chéron. En 1824, il donna au public une *Histoire de la révolution française*, et aussitôt il fit parvenir au critique du *Moniteur* le petit billet suivant :

« Vous m'apprenez, mon cher et ancien compagnon de guerre, une nouvelle qui me flatte beaucoup. Je suis très sensible à votre aimable empressement. Tout me dit que vous me lirez, et avec émotion, et que vous me jugerez avec bienveillance. Vous reconnaîtrez surtout que j'ai songé à acquitter toutes les dettes de la reconnaissance publique, et voilà ce qui m'a fait supporter une tâche sévère et dont vous connaissez tous les dangers. Ch. Lacretelle. »

L'écriture est tremblée. On voit que l'âge est déjà venu pour l'ancien rédacteur du *Journal de Paris*.

Mais il y a un dernier genre et le plus redoutable : c'est celui des auteurs qui harcèlent sans pitié le critique et ne le laissent pas respirer. Tel est le système de M. Parseval Grandmaison, dont

---

1. Charles Lacretelle, ancien proscrit du 13 vendémiaire et du 18 fructidor, fut anobli par Louis XVIII. Il fit le cours d'histoire de France à la Faculté de Paris. de 1809 à 1853 et ne le cessa qu'à l'âge de quatre-vingt-sept ans.

les volumineuses épîtres remplissent le dossier [1].

La première est du 4 novembre 1826; il s'agit du poème de *Philippe-Auguste* : « Eh! bon Dieu, mon cher ami, je suis bien éloigné de vous demander un article *ex professo*, comme vous vous l'êtes figuré. A Dieu ne plaise que j'abuse à ce point de votre complaisance et de votre amitié? Mon seul désir est que ma nouvelle édition soit mentionnée par vous *de manière à inspirer au lecteur le désir de connaître les améliorations que j'ai faites à mon ouvrage.* Si ma seconde édition paraît sans que les journaux rappellent sur elle l'attention du public, je suis enterré! Leurs articles ne font pas vivre un mauvais ouvrage, mais leur silence en tue un bon, et, si vous ne parlez pas de ma seconde édition, je vous range au nombre des assassins. Dites tout ce qui vous passera par la tête : ce qu'il y aurait de pire serait de vous taire. Songez bien qu'ici je ne vous mets pas le couteau sur la gorge, je vous demande la charité. Parlez, parlez, dussiez-vous

---

1. M. Parseval Grandmaison avait déjà donné en 1804 les *Amours épiques*, poème en six chants. Il travailla pendant vingt ans à son grand poème héroïque de *Philippe-Auguste*, qui contient des beautés de premier ordre, mais qui manque d'intérêt. Parseval Grandmaison mourut en 1834.

me critiquer! cela vaut encore mieux que le silence. Vous voyez que je vous mets bien à votre aise. *Totus tuus*. Parseval Grandmaison. — » *Post-scriptum* : « Au nom du ciel, faites sur-le-champ mon article, ne fût-il que de dix lignes; envoyez-le à Sauvo sur-le-champ, et dites-lui que je me mets à ses pieds pour qu'il l'insère au plus vite. »

Le critique ennuyé n'écrivit pas l'article demandé. A sa place, qui n'en eût fait autant? Presse-t-on les gens de la sorte! Mais M. Parseval Grandmaison ne se déconcerte point. Quelques jours se passent, et il écrit de nouveau :

« J'ignore, mon cher camarade, si vous avez rédigé l'article que vous m'aviez promis pour la seconde édition de *Philippe-Auguste?* S'il n'est pas encore fait, je vous conjure de vous y mettre tout de suite pour qu'il paraisse avant l'ouverture des Chambres, qui s'assemblent, m'a-t-on dit, le 14 ou le 18 du courant. J'ai été vous chercher dans votre ancien logement sur les boulevards, et j'ai vu Sauvo, qui m'a promis de faire imprimer l'article dès qu'il lui serait envoyé par vous au *Moniteur*... J'ai d'autant plus besoin de votre appui qu'on nous annonce une prochaine *déto-*

nation de vers [1] qui fera taire mes batteries qui manquent d'artilleurs. Je n'ai d'autre ambition que de ne pas mourir tout vivant. Adieu, mon vieux camarade. *Totus tuus.* »

L'infortuné! On le fait languir, et c'est le ton de la supplication qu'il prend dans ses autres lettres : « Eh quoi, mon cher ami, s'écrie-t-il dans un beau mouvement *ex abrupto*, m'avez-vous donc totalement oublié? J'attends et ne vois point venir l'article que vous m'avez promis. J'aurais été me rappeler à votre souvenir, si je n'étais cloué chez moi par un catarrhe obstiné, mais je ne désespère pas de votre bienveillance, qui ne s'est jamais démentie à mon égard. » Puis il ajoute des notes pour faciliter le travail du critique, et, ce qui devient très piquant, il se juge lui-même! « Voici, dit-il naïvement, le fond de ce qu'on peut dire, » et il fait l'article comme s'il était lui-même à la place de Chéron. Inutile d'ajouter qu'il s'efforce de ne pas se louer outre mesure!

Les grandes luttes littéraires des romantiques et des classiques empêchaient sans doute F. Chéron de prêter assez d'attention aux objurgations

---

1. Il s'agit sans doute de la publication annoncée du *Cromwell* de Victor Hugo.

de l'auteur de *Philippe-Auguste.* Il fallut céder
cependant, sous peine de recevoir une lettre tous
les trois jours. La dernière est plaintive comme
le chant d'un condamné : « Je reprends la plume,
mon cher ami, pour vous dire que Sauvo attend
votre article depuis longtemps! Accordez-moi ce
témoignage d'amitié. Ce que je redoute le plus,
c'est votre silence; le sort de mon édition dépend
de vous... *Être ou ne pas être*, voilà ma situation!
Totus tuus. PARSEVAL. »

Le persévérant auteur dut être heureux quand
il lut au *Moniteur* les deux colonnes que Chéron
lui consacra. Franchement, il les avait méritées :
il doit être dur d'être académicien, d'occuper
l'un des quarante fauteuils, et de solliciter avec
tant d'ardeur la protection d'autrui! Mais c'est
surtout en pareille matière qu'il est vrai de
dire : « On a souvent besoin d'un plus petit
que soi! »

Toujours fidèle à l'amitié, Chéron s'efforçait
de ramener le public aux ouvrages de ses vieux
camarades, et en particulier d'Andrieux, pour
qui il avait une vive affection. Mais il devenait
difficile, à cette époque, de raviver le goût pour
les comédies : la foule se pressait aux drames
nouveaux et négligeait les jolies scènes comiques

qu'elle applaudissait au début de la Restauration. La lettre suivante d'Andrieux nous fera juger de ce changement dans les esprits et dans les mœurs ; le vieil auteur, alors âgé de soixante-dix ans, prend des précautions pour être joué plusieurs fois. C'est un signe qui ne trompe pas :

« Mon cher et bon confrère, écrit-il à Chéron, figurez-vous qu'il y a cinq semaines que je n'ai mis le pied dehors, pas même pour aller à notre Académie. Je suis descendu, clopin-clopant, pour faire mes leçons, et la petite vacance de Pâques est venue bien à propos pour me donner le temps de me défaire d'une douleur ou rhumatismale ou nerveuse qui m'a tenu perclus de la cuisse et de la jambe gauche. J'ai éprouvé pendant trois semaines des douleurs intolérables et qui me faisaient crier ; enfin elles se sont apaisées, mais j'ai été encore quinze jours pouvant à peine me tenir debout. Je commence à être moins mal, et je suis allé hier à l'Académie, mais en voiture. Je me ferai voiturer un de ces jours chez vous pour vous remercier d'avoir pensé et fait penser à la *Comédienne*. Je viens d'avoir la visite de M. Baptiste aîné, à qui j'ai donné bien volontiers, comme vous pouvez croire, mon aveù pour la représentation. Mais j'ai eu soin de faire mettre sur l'af-

fiche *première représentation de la reprise*, en
sorte que c'est une espèce d'engagement pour la
comédie de jouer quelquefois la pièce. Il n'en
sera donc pas comme de *Molière avec ses amis*,
que M. Sainte-Foi a choisi pour sa représentation et qu'on n'a joué que cette seule fois.

Adieu, mon cher confrère. Au plaisir de vous
voir, ce qui ne tardera pas. Je vous réitère mes
remerciements et les assurances de ma haute considération et de mon vieil et sincère attachement.

« ANDRIEUX. »

Cette attitude à la fois simple et digne, ce jugement éclairé, ce goût littéraire si vif et si pur,
cette appréciation saine des ouvrages de toute sorte
qui paraissaient alors, et cet ensemble de qualités
qui attiraient vers lui la plupart des écrivains
jeunes ou vieux, appelèrent Chéron dans les
derniers temps de sa vie à faire partie d'une
importante commission qui se réunit au ministère
de l'intérieur dans le but d'augmenter le nombre des théâtres. Le directeur de la section des
Belles-Lettres au ministère de l'intérieur, vicomte Siméon, fils de l'ancien pair de France,
lui adressa le 19 novembre 1828 la lettre sui-

vante, qui indique la sollicitude du gouvernement pour les progrès de la saine littérature :

MINISTÈRE DE L'INTÉRIEUR.

Direction des belles-lettres, sciences et beaux arts.

« Paris, le 19 novembre 1828.

Monsieur,

« Un grand nombre de demandes sont journellement adressées au ministre de l'intérieur à l'effet d'obtenir l'autorisation d'ouvrir de nouveau : théâtres à Paris. Les questions que font naître ces demandes peuvent être considérées sous les rapports de l'art dramatique, de la littérature, de l'ordre et des mœurs publiques et des nombreux intérêts privés qui s'y rattachent. Le ministre désire connaître l'opinion de quelques personnes éclairées et versées dans ces matières : c'est donc en son nom que je m'adresse à vous et que je réclame de votre obligeance un mémoire où la question de l'augmentation des théâtres sera considérée sous les différents rapports que je viens de vous indiquer.

« Je ne doute pas, monsieur, que vous ne vous empressiez de répondre aux vues du ministre, et il me sera agréable d'avoir à vous transmettre ses remerciements.

Agréez, Monsieur, l'assurance de ma considération la plus distinguée.

« Le directeur des belles-lettres, sciences et beaux-arts.

« VICOMTE SIMÉON. »

Chéron se mit immédiatement à l'œuvre pour répondre à la confiance du ministre du roi, mais il n'eut pas le temps de terminer son travail : sa santé était depuis longtemps ébranlée, et la mort le surprit tout à coup. Au moins n'eut-il pas le chagrin d'assister à la catastrophe qui mit fin au gouvernement le plus paternel, le plus libéral et le plus éclairé que la France ait connu.

CHAPITRE X

MORT DE FRANÇOIS CHÉRON. — SES DERNIERS RÉCITS.
CONCLUSION.

CHÉRON écrivait dans les premiers jours de l'année 1829 :

« J'ai terminé la première partie de mes souvenirs, et je crains bien de ne pas conserver longtemps la force nécessaire pour m'occuper de la suite. Ma vue baisse, mon sommeil est court et léger, ma poitrine se dessèche, un redoublement d'oppression dans cet organe peut être précurseur d'une affection plus grave.... Que la volonté de Dieu soit faite! Je me sens absolument dans le même état que ma pauvre amie dans les derniers mois qui ont précédé sa première attaque. Je suis assiégé de mauvais rêves, et suffoqué, chaque nuit, par un douloureux cauchemar.

« L'âme cessant d'être ouverte aux jouissances de la vie, qui n'ont de prix que par le partage, tout ce qui n'est que sensation passe inaperçu ou devient une source de douleur. Ainsi, quelque part que je sois, je ne sais jamais ni ce que je mange ni ce que je bois, ou, si je suis forcé d'y faire attention, ce n'est que pour souffrir de n'avoir plus personne avec qui je puisse partager ces vulgaires jouissances. Il en est de même de tout ce qui peut flatter tous les autres sens. Un beau site, de belles fleurs, de bonne musique, n'occupent un instant ma vue, mon odorat ou mon ouïe que pour m'absorber aussitôt dans cette pensée : « Elle n'est plus là ! » Enfin, mon âme ne peut plus désormais être émue, ni par des espérances trompées, ni par des privations d'aucune nature, ni par les faveurs ni par les rigueurs de la fortune. *Rien ne m'est plus, plus ne m'est rien !* je ne connais pas d'expressions plus vraies. »

A ces regrets touchants de la compagne qu'il avait perdue quatre ans auparavant, Chéron en ajoutait d'autres relatifs à l'isolement dans lequel le laissaient tous ceux qu'il avait autrefois aimés et servis. Il semble qu'il y ait dans ces pages une triste comparaison entre les temps nouveaux et ceux où vivait son père, et notre esprit se reporte malgré lui à cette époque où la vieillesse de Marin Chéron était entourée et charmée par ses nombreux enfants, ses amis, ses collègues et les compagnons de ses travaux. En 1783, la mort d'un chef de famille, même âgé, laissait un vide affreux : depuis la Révolution, ce n'est trop souvent que l'ouverture d'une succession et le signal de dissensions dans les familles.

« Ce qui m'afflige le plus, écrivait-il, c'est qu'il ne me reste pas le dédommagement de l'amitié. Ce n'est pas que je sois sans amis, selon le langage du monde. J'ai encore plusieurs anciennes connaissances, avec lesquelles je suis en conformité parfaite de sentiments, de principes, d'opinions. C'est toujours avec une satisfaction réciproque que nous nous retrouvons, que nous conversons ensemble; mais une foule de circonstances rendent ces rapprochements très rares. L'un demeure trop loin, l'autre a des occupations qui absorbent ses loisirs, presque tous ont des liens qui leur imposent des devoirs incompatibles avec ce doux commerce de l'amitié telle que je la conçois ou plutôt que je la sens. J'appelle amitié ce sentiment qui rend deux êtres nécessaires l'un à l'autre, qui confond deux âmes en une, qui fait que l'on se cherche tous les jours, à tous les moments, que l'on ne se quitte jamais sans peine et sans regrets, que l'on ne connaît pas de plus grand plaisir que celui d'épancher son cœur dans le sein d'un autre, de lui confier ses chagrins, de provoquer ses conseils, de rechercher avec lui si quelques rayons de bonheur ne peuvent pas luire encore pour nous dans les jours de grâce que la Providence nous réserve. Il ne fallait rien moins que ce sentiment pour remplir le vide de mon cœur. Il n'aurait pas compensé, sans doute, la perte cruelle que j'ai faite. Un ami vrai n'aurait pas même voulu m'en distraire, mais il aurait partagé ma douleur, il aurait recueilli mes larmes, il aurait enfin satisfait autant qu'il était en lui ce besoin d'aimer qui fait mourir, quand il n'est pas alimenté. « Vous « êtes pour moi comme la santé, le plaisir des autres « plaisirs, » écrivait Mme de Grignan à sa mère ; adorables expressions du plus délicieux sentiment !

« Il est d'autres connaissances que leur ancienneté seule me force, pour ainsi dire, de cultiver. Parmi cette seconde sorte d'amis, il en est qui m'aiment sincèrement ; mais leur grand âge, leurs infirmités, des liens de famille qui ont droit à la préférence, ne laissent que peu de place et peu de temps à nos relations.

« D'autres encore me sont attachés par d'anciens et pieux souvenirs. Nous avons été proscrits, exilés, emprisonnés ensemble ; on aime naturellement à se retrouver, mais tout cela n'efface pas les différences de caractère, les dissentiments d'opinions, les inégalités d'instruction, d'esprit, de jugement, qui jettent toujours quelques nuages dans les communications. On se voit sans déplaisir, on peut même se rechercher lorsque, des deux parts, l'honneur, la bonne foi, la probité provoquent une mutuelle estime qui peut faire oublier toutes les autres disparités. Mais il manque toujours à ces diverses liaisons ce *plaisir des autres plaisirs*, ce sentiment pur, ardent, avide d'expansion, de réciprocité, de confusion des âmes, sentiment sans lequel la vie n'est qu'un long supplice qui fait désirer la mort comme un bienfait!... »

Ici Chéron trace le portrait d'un de ses amis : nous croyons devoir le reproduire, à cause de la finesse de l'observation et de la justesse des traits. C'est un type que l'on rencontre si souvent dans le monde que le lecteur nous pardonnera de l'avoir laissé à sa place, bien qu'il allonge un peu nos récits :

« C'est dans cette dernière classe d'amis

que je range celui dont je vais esquisser quelques traits :

« B*** est d'une probité sans tache et d'une loyauté à toute épreuve. Mais, à la franchise qu'on ne peut lui contester, il joint un esprit contrariant qui le rend insociable. Il n'a jamais pu s'attacher un ami. Nous nous sommes connus en temps de proscription, en 1792, il y a aujourd'hui trente-sept ans. Nous nous sommes par conséquent recherchés et retrouvés avec plaisir après les jours désastreux; mais la disgrâce de son caractère m'a plusieurs fois éloigné de lui et pendant des intervalles de huit à dix années, sans toutefois qu'il y eût de rupture prononcée. Il m'a fait tant d'instances il y a quelques années que je n'aurais pu y résister sans lui faire offense. Je suis donc retourné chez lui et je n'ai pas discontinué jusqu'à ce jour. B***, aujourd'hui octogénaire, n'a rien perdu de la verdeur et de la vivacité de son tempérament. Il contrarie toujours, il contrariera jusqu'à son dernier soupir; mais ses qualités essentielles et son grand âge commandent l'indulgence, à laquelle je suis de mon côté plus disposé que jamais pour tout ce qui n'est pas sécheresse de cœur et vices de l'âme. J'ai trouvé le moyen de mâter mon *contrariant*, tout en ne lui cédant jamais. Je lui laisse toujours dire les dernières paroles, et je parle aussitôt d'autre chose. Ce moyen si simple m'a si bien réussi qu'à présent B*** ne peut plus se passer de moi et qu'il me querelle si je suis huit jours sans aller dîner avec lui.

« La conversation tomba ces jours derniers sur la mortalité excessive que l'on a remarquée cette année. J'eus occasion de dire que plusieurs personnes de ma connaissance étaient mortes de chagrin. « Bah! bah! est-ce qu'on meurt de « chagrin? » — Voilà la dispute engagée. Notez que, si j'eusse soutenu que l'on ne meurt pas de chagrin, B***′aurait sur-le-champ et par son instinct irrésistible défendu l'opinion contraire. J'énonçai toutes mes raisons, qui n'étaient que trop nombreuses et trop bien fondées, et j'ajoutai que plusieurs médecins très éclairés avaient reconnu, en ma présence, les causes morales des maladies comme les plus difficiles à guérir. B*** contesta tout avec une extrême chaleur et soutint avec opiniâtreté que personne ne mourait de chagrin. Que répondre à cela? Je renonçai à toute argumentation et me hâtai de clore l'entretien... »

Un peu plus loin, Chéron ajoute :

« J'ai parlé de l'amitié. J'ai dit que cette consolation me manquait. Ce n'est point ma faute. Je me suis avisé fort tard d'une épreuve qui malheureusement m'a trop réussi. J'ai cessé tout à coup d'aller voir quelques personnages qui me traitaient d'*ami* et même de *cher ami*. Plusieurs mois se sont écoulés sans qu'ils se soient seulement informés si j'existais. Je n'ai fait entendre aucune plainte. J'ai continué de les voir comme par le passé, mais l'épreuve était faite!

« De quel prix peuvent être de pareilles liaisons? Les cultiver, ce n'est point posséder des attachements, c'est porter des chaînes, c'est s'amoindrir et s'appauvrir dans un commerce où tous les préjudices pèsent sur vous. *Quoties inter homines fui, toties minus homo redii*, a dit excellemment le sublime auteur de l'Imitation de Notre-Seigneur Jésus-Christ. Rien n'est plus vrai, et voilà ce qui explique le sentiment dont j'étais si constamment pénétré, du vide, de la vanité et de la pesanteur du joug de la société des hommes; plus j'avance, mieux je me trouve de m'en détacher. Quel regret pourrais-je éprouver? C'est une mort anticipée. Que restera-t-il à faire pour compléter l'oubli? Un soupir... et rien de plus! »

Dans ces circonstances, Chéron se préparait à

la mort, qui ne pouvait tarder à le délivrer du fardeau de la vie. Sans cesse, il répétait et il écrivait : Que la volonté de Dieu soit faite ! Les événements politiques le consternaient : il gémissait dans sa solitude, sur l'acharnement de l'opposition libérale. Il ne parvenait pas à s'expliquer cette mobilité du cœur humain, ce mépris de l'expérience, cet oubli du passé, cette négation audacieuse des bienfaits de la Providence. Il ne tremblait plus pour lui-même, mais pour son pays. On sait à quel point il avait raison de craindre, mais il ne vit pas la seconde révolution. Dieu l'enleva à ses préoccupations et à ses tristesses à la fin de l'année 1829.

Le 20 décembre, il écrivait ces lignes remarquables, qui témoignent de la solide éducation religieuse qu'il avait reçue dans sa jeunesse :

« La sagesse est tardive chez tous les hommes. Mon treizième lustre est presque écoulé, non sans qu'elle ait été l'objet de mes vœux, mais sans qu'elle ait pu régler et gouverner mon existence. Assez de jours me sont-ils réservés pour avoir le temps de lui rendre un culte digne d'elle ?

« *Elever incessamment son âme à Dieu ; faire quelque bien quand on en a les moyens ; à défaut de fortune, laisser à ses enfants, avec de bons exemples, quelques titres à la considération : voilà ce qui peut aider à supporter encore le reste d'une existence trop féconde en troubles et en amertumes!* »

Chéron ne pouvait mieux résumer sa vie. Quelques jours après, le *Moniteur* lui consacra la note suivante :

« M. Chéron, chevalier de la Légion d'honneur, ancien commissaire du roi pour le Théâtre-Français, membre de la commission des examinateurs dramatiques au ministère de l'intérieur, vient de mourir d'une attaque d'apoplexie; il était dans sa soixante-septième année. On lui doit la comédie de *Duhautcours*, composée en société avec Picart et que beaucoup de personnes attribuaient à son frère. M. Chéron se plaisait à entretenir cette erreur, honorable pour la mémoire d'un frère dont il avait été tendrement chéri, et ce n'est que depuis peu de temps que dans sa lettre, rendue publique pour des motifs particuliers, il se décida à revendiquer la part qu'il avait eue au succès de *Duhautcours*. On lui doit aussi plusieurs autres ouvrages dramatiques et nombre de pièces fugitives auxquelles il n'avait pas cru devoir attacher son nom.

« Critique ferme et éclairé, nourri des saines doctrines politiques et littéraires, homme d'un esprit cultivé, et du commerce le plus agréable, il emporte les regrets de tous ceux qui l'ont connu. »

Nous lisons aussi dans la *Biographie universelle*, dont il avait été l'un des écrivains :

« Jeune encore lorsque la Révolution commença, F. Chéron se montra toujours fort opposé à tous les excès et rédigea dans divers journaux des articles qui le firent proscrire après la journée du 10 août 92. Arrêté pendant la Terreur, il ne recouvra la liberté qu'après la chute de Robespierre. Associé dès lors à toutes les entreprises du parti royaliste, il courut de grands dangers aux 2 et 3 prairial an III (mai 1795), et plus encore au 13 vendémiaire an IV, où il fut proscrit nominativement comme président de la section du Roule. Obligé de prendre la fuite, il ne reparut qu'après le 18 brumaire. Revenu dans la capitale, il y composa avec Picart l'excellente comédie de *Duhautcours*. Ayant embrassé avec beaucoup d'ardeur la cause de la Restauration, il fut nommé censeur de la *Gazette de France*, puis employé dans différentes occasions par M. de Blacas... Chéron fut pour les premiers volumes

16

un des rédacteurs de la *Biographie universelle*,
et il a écrit, entre autres articles, celui de Cré-
billon... Il a publié divers ouvrages, entre autres *Napoléon ou le Corse dévoilé*, le *Tribut
d'un Français*, *Réflexions sur la liberté de la
presse*, etc. Il fut aussi le collaborateur de
Bellin dans la comédie des *Deux Espiègles*... »

Nous n'ajouterons rien à ces notices. L'enseignement qui se dégage de la première et de la
dernière partie de ces récits est assez clair pour se
passer de tout commentaire. Les deux sociétés,
celle que l'Église avait façonnée pendant des
siècles et celle de la Révolution, s'y rencontrent
dans une naturelle opposition. Nos observations
ne pourraient qu'affaiblir le contraste.

Il appartient au lecteur de comparer et de con-
clure.

FIN

TABLE

OUVRAGES DU MÊME AUTEUR :

———

Traité élémentaire d'économie politique, contenant les principes généraux, l'étude de la legislation économique et les statistiques officielles. In-12.   4 fr.

Notions élémentaires d'économie politique, rédigées conformément au nouveau programme des études pour les classes de philosophie. In-12 de 120 pages. 1 fr. 25

Tratado elemental de economia politica, par F. Hervé-Bazin. Traducido por el doctor *Antonio Jose Pou y Ordinas*, catedratico de economia politica en la Universidad de Barcelona. (Six pesetas.)

Les banques populaires, fondées en France par les catholiques depuis 1878. In-8.   1 fr. 50

Les trois Écoles en économie politique. In-8. 1 fr. 50

———

Coulommiers. — Imprimerie PAUL BRODARD.